JN055748

協同労働入門

株式会社 日本総合研究所
小島明子 ／ 弁護士
福田隆行 共著

経営書院

は じ め に

　2020年12月4日に成立した労働者協同組合法は、2022年10月1日に施行されます。労働者協同組合法は、「協同労働」の理念を持つ団体のうち、同法の要件を満たす団体を労働者協同組合として法人格を与えると共に、その設立、管理等の必要事項を定める組織法です。「協同労働」は、地域の課題解決を目的としており、「出資」「経営」「労働」のすべてを参加する組合員たちが担う働き方です。労働者協同組合法の施行を通じて、様々な地域課題が解消されるとともに、「協同労働」という働き方が広まっていくことが期待されています。

　ここ数年、新型コロナウイルス感染症の拡大や、改正高年齢者雇用安定法の施行等を背景に、ジョブ型雇用、リモートワーク、副業・兼業、週休3日制度など、社会全体で多様な働き方が進みつつあります。そのような環境下において、多様な働き方の1つとして、企業で働く人たちを中心に、労働者協同組合を通じた「協同労働」という働き方の普及啓発を行いたいという著者と、その趣旨に賛同いただいた編集者の思いから、本書の出版が実現しました。

　労働者協同組合を通じて、より多くの企業や人々が「協同労働」という働き方に携わることになれば、多くの地域課題の解決につながることが期待されます。またそのなかで「協同労働」という働き方が広がることは、経済的価値が重視されてきた社会から、社会的価値を重視した社会づくりにつながるのではないかと考えます。

　本書では、労働者協同組合を通じた「協同労働」という働き方について、企業の人事担当者、あるいは、本テーマに関心のある個人の方のための入門書となるような内容を目指しました。第1章では、労働者協同組合法や、「協同労働」という働き方が生まれた経緯を解説しています。第2章では、労働者協同組合法の解説をし、労働者協同組合の設立・運営のために必要な情報を盛り込みました。第3章では、

「協同労働」という働き方を実践してきた団体の事例を紹介しています。第4章では、労働者協同組合を広げていくための具体的な提言を行っています。

　本書を通じて、読者の皆様が、多様な働き方の選択肢の1つとして、労働者協同組合を通じた「協同労働」という働き方に関する必要な知識を深め、企業の施策、あるいは、個々の今後のキャリアを考える上での参考になれば幸いです。

　本書制作にあたりお世話になった経営書院の皆様にはこの場をお借りして、心より御礼申し上げます。

　本文中のインタビューに協力いただいた（第3章の活動事例掲載順）、日本労働者協同組合連合会 専務理事 田嶋康利氏、一般社団法人協同総合研究所 事務局長・理事 相良孝雄氏、医療法人社団きょうどう 理事長 藤野健正氏、一般社団法人ソーシャルファームなかがわ 事務局長 玉木信博氏、特定非営利活動法人ワーカーズコープ 統括コーディネーター 小暮航氏、ワーカーズコープちば・企業組合 労協船橋事業団理事長 菊地謙氏、UCI Lab.合同会社 代表・所長 渡辺隆史氏、NPO法人ライフワーク・レインボー 理事長 出浦洋子氏、ワーカーズ・コレクティブネットワークジャパン（WNJ）代表 藤井恵里氏、神奈川ワーカーズ・コレクティブ連合会 専務理事 井上浩子氏、ワーカーズ・コレクティブ 企業組合つどい 専務理事 濱本里美氏、（企業組合）ワーカーズ・コレクティブ 紙ふうせん 就労継続支援B型「紙ふうせん」管理者 宮野洋子氏、特定非営利活動法人ワーカーズ・コレクティブういず 理事長 北田惠子氏、特定非営利活動法人ワーカーズ・コレクティブメロディー前理事長 木村満里子氏、一般社団法人全国労働金庫協会 経営企画部 次長 兵藤剛氏、職員 田中晃仁氏、そのほか協力、助言を頂いた多くの皆様にも心より御礼申し上げます。

2022年7月 著者一同

第1章

「協同労働」とは

1.「協同労働」の意義

　2020年12月4日、労働者協同組合法が成立しました。同法は、「協同労働」の理念を持つ団体のうち、同法の要件を満たす団体に労働者協同組合として法人格を与えると共に、その設立、管理等の必要事項を定める法律です。2022年10月1日には同法が施行され、「協同労働」が広まっていくことが期待されています。

　「協同労働」とは、働く人が自ら出資をし、事業の運営に関わりつつ事業に従事するという働き方です。協同労働に関わる人達（組合員）は、組合を組織し、組合の「出資」「経営」「労働」のすべてを担うことになります。「協同労働」には、以下のような意義があると考えられます。

　1つ目は、地域課題の解決に繋がることが挙げられます。「協同労働」は、地域社会で必要とされる仕事を担い、地域課題を解決することを主たる目的としているため、「協同労働」が広がることは、地域課題の解決や、地域の活性化に繋がると考えられます。既に、介護や高齢者福祉センターの運営、保育園、児童館の運営、若者、障がい者、生活困窮者の自立就労支援、居場所づくりに関する事業などを「協同労働」の理念を持って行っている団体が存在していますが[1]、労働者協同組合法が施行されたことによって、このような活動を行う団体が増えていくことが期待されます。

　2つ目は、多様な人材が活躍できる機会の創出に繋がることが挙げられます。子育てや介護等の事情や、障がいや病気をもっていることを理由に、企業ではその能力を十分に発揮できない人もいます。しかし、「協同労働」では、働き方や仕事内容を組合員同士が話し合って決めていくことになるため、多様な働き方が可能な環境をつくりやす

[1]　一般社団法人協同総合研究所（2020）「協同ではたらくガイドブック―入門編―」

いというメリットがあります。「協同労働」を実践することで多様な人材が活躍できる場が増えていけば、雇用機会の創出にも繋がると考えられます。

　3つ目は、主体的な働き方を実現できることが挙げられます。「協同労働」では、組合の経営方針や働き方などを、組合員が話し合って決めていくことになるため、単に雇われるだけではなく、主体者として組合に関わることになります。主体的な働き方ができることは、やりがいをもって仕事ができることにも繋がると考えられます。

　以上のように、「協同労働」には、地域課題の解決や雇用機会の創出に繋がる可能性があります。加えて、新型コロナウイルス感染症の発症を機に、使用者、労働者ともに働き方の見直しが始まっている状況において、雇う側と雇われる側という従来の労使関係に代わる選択肢を提供し、新しい働き方が実現されることも期待されます。今後、「協同労働」が、地域活動に専従している人だけではなく、幅広い層に広がっていくと考えられます。

2.「協同労働」が生まれた背景

　日本において、「協同労働」は、どのようにして生まれたのでしょうか。ここでは「協同労働」を実践している代表的な団体である日本労働者協同組合連合会とワーカーズ・コレクティブの歴史を紹介することで、日本において、「協同労働」が生まれ、広まった背景について述べます。

(1) 日本労働者協同組合連合会[2]

　第二次世界大戦後の1949年、多数の失業者の発生に対処し、失業対策事業と公共事業にできるだけ多くの失業者を吸収することを目的として「緊急失業対策法」が制定されました。失業対策事業では、国や地方公共団体による公共事業に、失業者を日雇労働者として雇用し、復興事業に従事させることが行われました。このようななか、1957年に失業対策事業に就労する日雇労働者の全国組織である「全日本自由労働組合」（以下、「全日自労」といいます。）が結成され、賃上げや待遇改善を求めて活動を展開しました。その後、1970年代の高度経済成長期に入ると、失業対策事業の縮小・打ち切りが検討されつつあるなか、就労していた人たちの非効率な働き方などが批判を受け、1971年に失業者対策事業の新規就労は廃止され、1996年に完全に打ち切られました。

　失業者を多く抱えることになった全日自労は、地域社会への貢献につながる「よい仕事」をするという姿勢に切り替え、1979年9月に36事業団が参加する「中高年雇用・福祉事業団全国協議会」を結成しました。1982年7月には、「全国協議会直轄東葛地域事業団」（以下「事業団」といいます。）を設立し、清掃の仕事を受けるようになります。この間、事業団では、一人一人が主体的に参画し、皆が協力をしながら地域で必要とされている仕事を行う形態について模索が始まりました。事業団は、欧州への調査団の派遣等を通じて学んだ、協同組合に関する先行事例を参考にし、事業団の本質は労働者協同組合であるとの理念に到達しました。その後、事業団は1986年に、「中高年雇用・福祉事業団（労働者協同組合）全国連合会」と改称され、1993年には、「日本労働者協同組合連合会」（以下、「ワーカーズコープ連合会」といいます。）という組織に発展しました。

　加えて事業団は、1986年に13都道府県につくっていた組織を一本化

2　日本労働者協同組合連合会（2022）「〈必要〉から始める仕事おこし「協同労働」の可能性」岩波ブックレット

しました。「労働者協同組合宣言」を掲げ、1987年には「労働者協同組合センター事業団」（以下、「センター事業団」といいます。）を設立し、労働者協同組合員になるための出資金の支払い等の規約も定められました。センター事業団の設立を通じて、労働者協同組合の働き方を広げていくことは、雇われることがよしとされている日本社会に対する問題提起につながることが期待されました。1993年には、その規約を改正し、就労するためには1口（5万円以上）の出資をして組合員になることが定められ、経営にも主体的に参画する働き方が始まりました。その後、労働者協同組合の「労働」の呼び方を考えるなかで、協同総合研究所の菅野正純氏の言葉を機に「協同労働」という言葉が使われ、「労働者協同組合の新原則」（2002年）において、「協同労働」を「働く人どうしが協同し、利用する人と協同し、地域に協同を広げる労働」と定義することになりました。

　ワーカーズコープ連合会では、約40年近くの歴史を経て、組合員は、「出資」「経営」「労働」のすべてを担いながら、働くことを通じて地域の課題を解消するという、現在の「協同労働」の働き方を行うようになったのです。

日本労働者協同組合連合会（https://jwcu.coop/）
　日本労働者協同組合連合会（以下、「ワーカーズコープ連合会」といいます。）は、「働く者や市民が出資して事業・経営を主体的に担い、話し合いを深め、生活と地域に必要とされる仕事を協同でおこし、よい仕事へと高める」という「協同労働」という働き方に到達するまでに、戦後の失業対策事業の後処理的な仕事や前史的な取組みを含めて、約40年にわたって試行錯誤と格闘を重ねてきました。現在、就労者は全国で1万5千人、事業規模は372億円に至っています。現在ワーカーズコープ連合会には34団体、正会員が19団体、準会員が15団体加盟しており、子育てや介護福祉などのケア、清掃や物流などの協同組合間連携事業、今日では

環境保全型の林業や農業、BDF などの環境事業等の活動を行っています（2022年8月）。加盟団体は、各地の労働者協同組合や日本高齢者生活協同組合連合会、その他各種団体であり、法人格は、企業組合、特定非営利活動法人（NPO法人）、消費生活協同組合、社会福祉法人、株式会社等を活用しています。ワーカーズコープ連合会が直轄のモデルでつくったワーカーズコープ・センター事業団は、ワーカーズコープ連合会の事業規模の全体の3分の2、就労者も同様に全体の3分の2を占め、全国単一の労働者協同組合として、北海道から九州・沖縄までの400ある事業所で様々な活動を展開しており、企業組合、NPO法人を活用しています。ワーカーズコープ連合会は、約40年間事業を展開し、労働者協同組合法の施行によって社会の制度に位置づけられたことを機に、さらにそれを社会に広げていくための活動を行っています。

(2) ワーカーズ・コレクティブ[3]

　1965年、既存の政党や労働運動にとらわれない、地域に根ざした生活者運動を目指した生活クラブが結成されました。生活クラブは、主婦達に牛乳の共同購入を呼びかけるところから始まりました。その後、取り扱うものが少しずつ広がり、会員数が増えていくとともに、安定した経営基盤が必要となったことから、1968年、生活クラブは、生活クラブ生活協同組合（以下、「生活クラブ生協」といいます。）として新しい出発をすることになりました。生活クラブ生協は、消費材（商品）の班別予約共同購入活動を進める中で、参加型政治を実践する代理人運動（地方議会に代表を送る運動）を展開するようになり、地方議会へ多数の議員（代理人）を送り込むようになりました。また、

3　天野正子（1996）「『生活者』とはだれか～自立的市民像の系譜」中公新書

生活クラブ生協は、ワーカーズ・コレクティブという新しいタイプの活動を生み出しました。ワーカーズ・コレクティブは、雇う・雇われる関係ではなく、働く者同士が共同で出資し、それぞれが事業主として対等に働く協同組合の一種です。欧米で発達してきたワーカーズ・コレクティブは、19世紀の産業革命の中で生まれ、市民権を獲得してきました。ワーカーズ・コレクティブ（workers collective）はアメリカでの呼び名で、日本では、「労働者生産協同組合」と訳されたり、営利の獲得を否定はしないものの、それを第一義的な目的としないという意味で「市民事業」と呼ばれたりしていました。生活クラブ生協による最初のワーカーズ・コレクティブは、1982年に神奈川県横浜市に誕生した、生活クラブ生協の業務請負、スナック・仕出し弁当などの事業を行う「にんじん」です。生活クラブ生協のワーカーズ・コレクティブは、「にんじん」を皮切りに、多様な領域へと広がり、新たなワーカーズ・コレクティブが設立されていきました[4]。その中で、生協に参加していた主婦たちが主体となって、雇う、雇われるという関係ではない、地域に根差した、地域のための、「生活者」としての協同労働が模索されるようになりました[5]。1989年には、「市民事業連絡会」が発足し、神奈川・東京・千葉・埼玉のメンバーが定期的に集まり、欧州の事例を参考にしながら、協同組合や法制化の学習会を行うようになり[6]、1995年には、全国のワーカーズ・コレクティブが連携する組織であるワーカーズ・コレクティブネットワークジャパンが設立

4　「西暦2030年における協同組合　コロナ時代と社会的連帯経済への道」（2020）（柏井宏之、樋口兼次、平山昇共同編集）社会評論社
5　村上潔（2010）「第5章「主婦によるオルタナティブな労働実践」の岐路　ワーカーズ・コレクティブはどう変わっていくのか」生存学研究センター報告書［14］立命館大学生存学研究所
https://www.ritsumei-arsvi.org/publication/center_report/publication-center14/publication-111/
6　「西暦2030年における協同組合　コロナ時代と社会的連帯経済への道」（2020）（柏井宏之、樋口兼次、平山昇共同編集）社会評論社

されました。[7]

ワーカーズ・コレクティブネットワークジャパン
(https://wnj.gr.jp/)

　1995年に、ワーカーズ・コレクティブの全国組織として設立され、生活クラブ生活協同組合の組合員活動から生まれた「協同労働」を実践する組織です。全てが単体のワーカーズ・コレクティブの事業所になりますが、事業所の数は340団体で、そこで働いている人たちは約7,000人です。年間事業高は340団体合わせて135億円の規模、そのうちの6割が法人格を取得しています。生活クラブ生協を中心に、環境問題や、食の安全などといった社会問題に取り組むなかで、1982年に生活クラブ神奈川でまず第1号ができました。生協活動から生まれた組織であることから、女性の比率は9割に上ります。一人一票の平等な権利を持ちながら、地域社会への貢献につながる事業を約40年行い、労働者協同組合法に向けた法制化運動を行ってきました。

(3)　小括

　ワーカーズコープ連合会は戦後の失業対策事業を起点とし、ワーカーズ・コレクティブは主婦たちが中心となった生活クラブ生協の活動を起点としています。そのため、活動が始まった経緯やきっかけはそれぞれ異なりますが、両組織とも、働く人が出資を行い、一人一人が対等な立場で経営に参加をしながら、地域社会への貢献を中心とした活動を行う、という働き方を行ってきた点では共通しています。両組織の活動を通じて、「協同労働」という働き方が日本で生まれ、広がってきたのです。

7　https://wnj.gr.jp/

国際協同組合同盟
(ICA=International Co-operative Alliance)

　1895年に設立された国際協同組合同盟（ICA=International Co-oper-
ative Alliance）には、世界112カ国からあらゆる分野の318協同組合組織
が加盟しています（2021年2月現在）。日本生活協同組合連合会も1952年
に加盟をしています。ICAは、1937年の第15回大会で、世界の協同組合
に共通する運営ルールを「協同組合原則」としてまとめました。これは
1844年にイギリスで設立された「ロッチデール公正開拓者組合」の運営原
則を基にしており、その後1966年の改定を経て、1995年の100周年記念大
会（イギリス・マンチェスター）で、協同組合の定義・価値・原則からな
る「協同組合のアイデンティティに関するICA声明」が採択されまし
た。この原則は、世界中のさまざまな協同組合の指針となっており、日本
の生活協同組合もこの原則に基づき運営されています[8]。

　また、1980年に開催されたICA（国際協同組合同盟）の第27回モスク
ワ大会でレイドロー博士によって報告された「西暦2000年における協同組
合」（「レイドロー報告」）のなかでは、西暦2000年を展望し、協同組合は
全人類の正義に基づいた新しい世界と社会秩序づくりに貢献する役割を担
うことや、取り組むべき優先分野として(1)世界の飢えを満たす協同組合、
(2)生産的労働のための協同組合、(3)保全者社会のための協同組合、(4)協同
組合地域社会の建設、の4つをあげ、協同組合は自らの経済的目的とこ
れらの社会的目的を一致させて活動することなどが提唱されました[9]。「レ
イドロー報告」は、ワーカーズコープ連合会やワーカーズ・コレクティブ
の活動内容にも影響を与えています。

　1992年には、ワーカーズコープ連合会が労働者協同組合としての「新
原則」を確立し、国際協同組合同盟（ICA）東京大会で、11番目の協同組
合としてICAに加盟しています。

8　https://jccu.coop/about/coop/
9　日本協同組合学会訳編（1989）「西暦2000年における協働組合【レイドロー
　報告】」日本経済評論社

国際労働機関
(International Labour Organization)

　1919年に設立された、国際労働機関（International Labour Organization、以下「ILO」といいます。）は、初代ILO事務局長アルベール・トーマの提案で、1920年3月23日の理事会において協同組合ユニット（当時はSection of Co-operation）として設立されました。1966年には、「発展途上にある国の経済的及び社会的開発における協同組合の役割に関する勧告」（第127号）を採択し、協同組合の設立及び育成は、発展途上にある国における経済的、社会的及び文化的開発並びに人間性の向上のための重要な手段の一つであるとして、各国政府に奨励をしています。[10] 2002年には、ILOが「協同組合の促進に関する勧告」（第193号）を採択し、発展途上国のみに限定されていた対象を、全世界的に適用されるものとしました。この勧告では、協同組合を、「共同で所有され、かつ、民主的に管理される企業を通して、共通の経済的、社会的及び文化的ニーズ及び希望を満たすために自発的に結合された自主的な人々の団体」と定義し、雇用創出、資源動員、投資創出、経済寄与における協同組合の重要性、協同組合が人々の経済・社会開発への参加を推進すること、グローバル化が協同組合に新しい圧力、問題、課題、機会をもたらしたことを認識し、協同組合を促進する措置を講じるよう加盟国に呼びかけることとされています。ILO設立100周年を迎えた2019年には、第108回ジュネーブ総会にて、「仕事の未来に向けたILO創設100周年記念宣言」のなかで、「特に中小零細企業及び協同組合、社会的連帯経済において、起業や持続可能な企業を可能にする環境を推進し、全ての人にディーセント・ワーク、生産的な雇用及び生活水準の改善をもたらす、主要な経済成長や雇用創出源としての民間セクターの役割を支援すること」と宣言されています。

　2020年12月に労働者協同組合法が採択された際には、ILOよりワーカーズコープ連合会に対して、「この労働者協同組合法の施行に向けてみなさまに協力する準備ができています。協同組合を通じて社会正義を促進し、「ディーセント・ワーク」（働きがいのある人間らしい仕事）を推進す

るために、引き続きみなさまと連携していくことを期待しています。」というメッセージが届けられました[12]。

ILO では、1999年に「ディーセント・ワーク」(働きがいのある人間らしい仕事)が提唱されています。ILO からも、労働者協同組合法を通じた「協同労働」という働き方は、この「ディーセント・ワーク」につながることが期待されているのです。

10 https://www.ilo.org/tokyo/standards/list-of-recommendations/WCMS_238869/lang--ja/index.htm
11 https://www.ilo.org/tokyo/standards/list-of-recommendations/WCMS_239370/lang--ja/index.htm
12 https://jwcu.coop/houseika/wp-content/uploads/2020/12/シメル・エシム　国際労働機関（ILO）協同組合ユニット代表　労働者協同組合法成立祝賀メッセージ（訳文）.pdf

「持続可能な開発目標」
(SDGs: Sustainable Development Goals)

2015年に国連は、「持続可能な開発目標」(SDGs) を採択し、持続可能な世界を実現するための17のゴールと169のターゲットを掲げています。「持続可能な開発のための2030アジェンダ[13]」のなかでは、協同組合についても言及がなされており、新アジェンダの実施における役割を有することの認知や、持続可能な開発における課題解決のための創造性とイノベーションを発揮することを求めるといったことが2か所(パラグラフ41と67)に記載されています。

国内では、政府が2019年に「SDGs 実施方針改定版」を決定し、そのなかには、「協同組合をはじめ、地域の住民が共助の精神で参加する公共的な活動を担う民間主体が、各地域に山積する課題の解決に向けて、自立と共生を基本とする人間らしい社会を築き、地域の絆を再生し、SDGs へ貢献していくことが期待されている。[14]」と明記されています。また、2018年3月には、ワーカーズコープ連合会が、協同労働を通じて SDGs に貢

献することを明記した、3つの宣誓を掲げています。[15]

　今後、労働者協同組合における「協同労働」の実践を通じて、SDGs
への貢献につなげていくことが期待されます。

13　https://www.unic.or.jp/activities/economic_social_development/
sustainable_development/2030agenda/

14　https://www.kantei.go.jp/jp/singi/sdgs/pdf/jisshi_shishin_r011220.pdf

15　https://jwcu.coop/2018/03/26/special_sdgs/

COLUMN

海外の協同労働の事例
【モンドラゴン（MONDRAGON）協同組合】

　スペインのバスク州に本拠地を置くモンドラゴン協同組合は、95の労
働者協同組合、8万人の組合員、14のR&Dセンターを設け、世界各国で
企業や工場を展開しています。そのビジネス規模は、バスク州では1
位、スペイン全体では10位です。金融、工場、販売・流通、教育という
4つの事業を展開しており、事業高は約1兆4900億円（2020年）に上り

モンドラゴン協同組合のウェブサイト（参考）

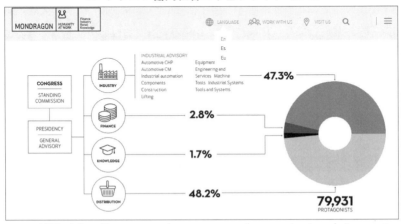

出所：https://www.mondragon-corporation.com/en/we-do#proyectos

ます。過去、グループ内のファゴール・エレクトロドメスティコス協同組合が倒産した際には、労働者組合員の他組合への配置転換や、早期退職の勧奨を実施したこともありますが、国の社会保障制度からは独立した組織を通じて、失業手当や退職給付の支援も行いました。基本方針として、誰でも参加ができること、一人一票の投票権を持つこと、経営への参加を行うことなどが定められています。

出所：モンドラゴン協同組合ウェブサイト
　　　https://www.mondragon-corporation.com/en/we-do#proyectos
　　　坂内久（2014）「スペイン・モンドラゴン協同組合グループの動向ー「FAGOR の破綻」の実態と対応ー」（農林金融2014.7）

3. 労働者協同組合法が制定された経緯

　1990年代からワーカーズコープ連合会やワーカーズ・コレクティブネットワークジャパンが、海外での「協同労働」の成功例も踏まえ、「協同労働」の法制化運動を始めました[16]。1992年には、ワーカーズコープ連合会が ICA 東京大会において、「労働者協同組合法が必要」と労働省に要請しました[17]。

　1995年1月に阪神・淡路大震災が発生し、多くの市民がボランティア活動に参加をしたことを機に、非営利団体の活動を活性化させるための環境整備を図ることの必要性が認識されるようになりました。1998年には、特定非営利活動促進法が衆議院にて可決・成立し、特定非営利活動法人（NPO 法人）として法人格を取得することができるよ

16　日本労働者協同組合連合会「労働者協同組合法の解説」
17　日本労働者協同組合連合会（2022）「〈必要〉から始める仕事おこし「協同労働」の可能性」岩波ブックレット
18　https://www.npo-homepage.go.jp/about/seidokaisei-keii/sokushinhou-koremade

うになりましたが、この段階で労働者協同組合については、法制化の対象とはなりませんでした。そのため、「協同労働」の理念を持って活動していた団体は、NPO法人や企業組合といった既存の法人格を利用し、または任意団体として活動せざるを得ませんでした。しかし、NPO法人は出資ができない、企業組合は営利法人である、任意団体は契約の主体になれないなど、「協同労働」の実態に合う法人格がない状況が続きました。そのため、例えば、ワーカーズコープ連合会は、別組織に出資して、そこから資金を借りることで事業を行うという工夫をするなどしていました。[19]

　ワーカーズコープ連合会は、1998年に「労協法制定運動推進本部」を設立し、2000年に「協同労働の協同組合」法制化をめざす市民会議」に発展させ、本格的な運動を行うようになりました。[20]2001年3月の国会の質疑では、初めて「協同労働」に関する質疑が行われ、当時の坂口厚生労働大臣が「多様な働き方を前提とした就業環境の整備は必要であり、人々の意欲と能力が生かされる社会の実現に向けて真剣に取り組みたい」旨の答弁を行いました。[21]

　2008年には「協同出資・協同経営で働く協同組合法を考える議員連盟」（会長・坂口力衆議院議員（公明））が発足、2010年4月、議員連盟に「協同労働の協同組合法案」が提示されましたが、成案には至りませんでした。2017年には、引退した坂口氏の後任である桝屋敬悟衆議院議員の働きかけで「与党協同労働の法制化に関するワーキングチーム」が与党政策責任者会議のなかに設置されました。当事者団体との意見交換が行われ、法制化が具体的に進むようになりました。労働者の保護については、座長の田村憲久衆議院議員より、組合と組合員と

19　一般社団法人協同総合研究所（2020）「協同ではたらくガイドブック―入門編―」

20　日本労働者協同組合連合会（2022）「〈必要〉から始める仕事おこし「協同労働」の可能性」岩波ブックレット

21　日本労働者協同組合連合会「労働者協同組合法の解説」

の間で労働契約を締結する方向性が出され、「出資・労働・経営」の三位一体としてではなく、「組合員による出資、労働、共益権の行使を通じての経営への参画（＝意見反映）が一体となった組織運営」と捉え直されました[22]。2020年2月には、与党ワーキングチームとしての条文案がまとめられ、同年6月には、衆議院に全党・全会派の賛同をもって法案が提出、同年12月4日に、労働者協同組合法が成立、2021年4月には、「協同労働推進議員連盟」（ワーカーズ議連）が設立されました。

　労働者協同組合法が成立されたことで、「協同労働」の理念を持って活動する団体が、労働者協同組合として、法人格を取得することができるようになりました。同法の施行をきっかけに、労働者協同組合や「協同労働」という働き方が社会に認知され、労働者協同組合への参加、あるいは、労働者協同組合という組織の枠にとどまらずとも、「協同労働」という働き方の概念が広がっていくことが期待されます。

22　日本労働者協同組合連合会「労働者協同組合法の解説」

第2章

労働者協同組合法の解説

第1 総論

一 労働者協同組合法の目的

労働者協同組合法は、2020年12月4日、第203回臨時国会において成立し、同月11日に公布、2022年10月1日に施行されました。

同法は、働く人が自ら出資をし、事業の運営に関わりつつ事業に従事するという協同労働の理念を持つ団体のうち、同法の要件を満たす団体に法人格を与えると共に、その設立、管理等の必要事項を定める組織法です。

同法は、その目的について、「各人が生活との調和を保ちつつその意欲及び能力に応じて就労する機会が必ずしも十分に確保されていない現状等を踏まえ、組合員が出資し、それぞれの意見を反映して組合の事業が行われ、及び組合員自らが事業に従事することを基本原理とする組織に関し、設立、管理その他必要な事項を定めること等により、多様な就労の機会を創出することを促進するとともに、当該組織を通じて地域における多様な需要に応じた事業が行われることを促進し、もって持続可能で活力ある地域社会の実現に資することを目的とする」と規定しています（1条）。

同法施行前から、協同労働の理念を持ち、介護、障害福祉、子育て支援、地域づくりといった分野で活動をしている団体は存在していました。これらの団体は、状況に応じて特定非営利活動法人（NPO法人）や企業組合といった法人格を利用し、または任意団体として法人格を持たずに活動してきました。しかし、既存の法人格の枠組みで

| 組合員が事業者であることを意味するものではなく、組合が事業者であり、個々の組合員は組合と労働契約を締結して組合の事業に従事する者であるという趣旨です（労働者協同組合及び労働者協同組合連合会の適正な運営に資するための指針（以下「指針」といいます。）第四の一）。

は、出資ができないことや営利法人であることなど、任意団体では、契約の主体になれないことなど、協同労働の実態に合わないことから、多様な働き方を実現しつつ地域の課題に取り組むための新たな組織である労働者協同組合が創設されることになりました。[2]

二　労働者協同組合の特徴

　労働者協同組合は、組合員が出資をし（出資原則）、事業を行うに当たり組合員の意見が適切に反映され（意見反映原則）、組合員が組合の行う事業に従事する（従事原則）ことを基本原理とする組合です（3条1項）。株式会社では出資、経営、労働が分離していますが、労働者協同組合では、組合員が出資、労働をし、経営に組合員の意見が反映されます。

　具体的には、労働者協同組合の事業に必要な資金は、組合員が出資して拠出します（9条1項）。その経営は、各組合員の意見を反映して行うこととされ、定款に組合員の意見を反映させる方策を規定することが求められます（29条1項12号）。また、組合員は労働者協同組合の行う事業に従事することとされ、労働者協同組合は、その事業に従事する組合員との間で労働契約を締結しなければなりません（20条1項本文）。協同労働は、雇われない働き方を指向するものだとの考え方もありますが、労働者協同組合の名を借りた労働者の搾取の防止を図るという趣旨から、組合員と労働契約を締結しなければならないこととされています。労働契約を締結した組合員には、労働関係法規が基本的に適用されることになります。

　労働者協同組合は、企業組合や特定非営利活動法人に代わる組織として期待されており、労働者協同組合法が施行された際に存在する企

2　「第203回国会衆議院厚生労働委員会第5号」（令和2年11月18日）桝屋敬悟答弁

業組合又は特定非営利活動法人は、同法施行日から３年以内に限っ
て、労働者協同組合に組織変更することが認められています（附則４
条以下）。

　労働者協同組合と企業組合、特定非営利活動法人との違いは、次表
の通りです。

　労働者協同組合は、派遣事業を除いた幅広い分野の事業を行うこと
ができ、持続可能で活力ある地域社会の実現に資することを目的とし
て事業を行うこととされています（7条、3条1項）。労働者協同組合
を設立するには発起人が３人以上いればよく、設立にあたって行政庁
の認可等は必要とされていません（準則主義）。そのため、企業組合
や特定非営利活動法人と比較して設立がしやすくなっています。発起
人や組合員は個人に限られ、法人がこれらになることはできません
（6条）。労働者協同組合の組合員は、組合に出資をしなければなりま
せんが（3条1項1号、9条）、労働者協同組合は非営利法人とされて
おり、出資持分に応じた配当をすることは認められていません（3条

図表 2-1　労働者協同組合、企業組合、特定非営利活動法人の違い

	労働者協同組合	企業組合	特定非営利活動法人
事業	労働者派遣事業を除く事業	制限なし	20分野の特定非営利活動その他の事業
設立	準則主義	認可主義	認証主義
設立時の組合員（社員）数	3人以上	4人以上	10人以上
組合員（社員）資格	個人	個人・特定組合員（法人）	個人・法人
出資	あり	あり	なし
配当	従事分量配当	従事分量配当出資配当（年2割以内）	分配不可
活動	非営利	営利	非営利
根拠法	労働者協同組合法	中小企業等協同組合法	特定非営利活動促進法

出所：筆者作成

3項）。労働者協同組合における剰余金の配当は、組合員が組合の事業に従事した程度に応じて行うこととされています（3条2項5号）。

第2　労働者協同組合

一　基本原理その他の基準及び運営の原則

I　基本原理

　労働者協同組合（以下「組合」といいます。）は、以下の基本原理に従い事業が行われることを通じて、持続可能で活力ある地域社会の実現に資することを目的とするものでなければなりません（3条1項）。

　①組合員が出資すること（出資原則。同項1号）[3]

　②その事業を行うに当たり組合員の意見が適切に反映されること（意見反映原則。同項2号）[4]

　③組合員が組合の行う事業に従事すること（従事原則。同項3号）[5]

　組合員自らが他の組合員とともに意見を出し合いながら就労の場を創るという組合の性質に鑑みて、各組合員が意見を出すことがで

3　組合に加入しようとする者は、引受出資口数に応ずる金額の払込みを完了した時に組合員となります（12条2項）。また、出資の払込みを怠ったことは除名事由とされ（15条2項2号）、出資一口の金額及びその払込みの方法は定款の絶対的記載事項とされています（29条1項7号）。

4　これを担保するため、組合員の意見を反映させる方策に関する規定が定款の絶対的記載事項とされています（29条1項12号）。また、理事は、各事業年度に係る組合員の意見を反映させる方策の実施の状況及びその結果を、通常総会に報告しなければならないこととされています（66条1項）。

5　総組合員の5分の4以上の数の組合員は、組合の行う事業に従事しなければならず、組合の事業に従事する者の4分の3以上は、組合員でなければならないとされています（8条）。また、長期間にわたって組合の事業に従事しないことが除名事由とされています（15条2項1号）。

きる仕組みを設けることとされており、また、組合の事業に必要な財産的基礎についても組合員自らによって確保されるべきとの考え方により、組合員に出資が義務付けられています（指針第三の一）。

2　組合要件

　組合は、基本原理のほかに、次に掲げる要件を備えなければなりません（3条2項）。

　　①組合員が任意に加入し、又は脱退することができること（同項1号）

　　②組合員との間で労働契約を締結すること（同項2号）

　　③組合員の議決権及び選挙権は、出資口数にかかわらず、平等であること（同項3号）

　　④組合との間で労働契約を締結する組合員が総組合員の議決権の過半数を保有すること（同項4号）

　　⑤剰余金の配当は、組合員が組合の事業に従事した程度に応じて行うこと（同項5号）

3　人格及び住所

　組合は、法人とされ、その住所は、主たる事務所の所在地にあるものとされます（2条）。

4　非営利法人

　組合は、営利を目的として事業を行うことができません（3条3項）。これは出資持分に応じた配当を認めないという意味で、利益をあげてはいけないという意味ではありません。他方で、事業従事の成果を分配するための仕組みとしての剰余金配当は認められています（3条2項5号、77条）。

5　名称

　組合は、その名称中に労働者協同組合という文字を用いなければなりません。組合でない者は、その名称中に労働者協同組合であると誤認されるおそれのある文字を用いてはならず^{6,7}、また、何人も、不正の目的をもって、他の組合であると誤認されるおそれのある名

称を使用することはできません[8]。他の組合であると誤認されるおそれのある名称の使用によって事業に係る利益を侵害され、又は侵害されるおそれがある組合は、その利益を侵害する者又は侵害するおそれがある者に対し、その侵害の停止又は予防を請求することができます（4条）。

6 登記

組合は、登記をしなければならず、登記を必要とする事項は、登記の後でなければ、これをもって第三者に対抗することができません（5条）[9]。

7 その他の遵守事項

組合は、その行う事業によってその組合員に直接の奉仕をすることを目的とし、特定の組合員の利益のみを目的としてその事業を行うことはできません（3条4項）。また、特定の政党のために利用することはできず（同条5項）、暴力団や暴力団又はその構成員の統制の下にある団体であってはなりません（同条6項）。

8 都道府県知事による監督

組合は、主たる事務所の所在地を管轄する都道府県知事（以下「都道府県知事」といいます。）による監督を受けます（124条以下）。

二 事業

1 事業の目的

組合は、持続可能で活力ある地域社会の実現に資するため、事業

....

6 労働者協同組合法施行の際、現にその名称中に労働者協同組合であると誤認されるおそれのある文字を用いている者については、同項の規定は、同法施行日から3年間は適用されません（附則30条）。

7 これに違反した場合の罰則が定められています（137条1号）。

8 これに違反した場合の罰則が定められています（137条2号）。

9 登記を怠った場合の罰則が定められています（136条1項1号）。

を行うものとされており（7条1項）、この目的に適う事業であれば、原則として自由に行うことができます。

　なお、組合が行おうとする事業が行政庁の認可等を必要とするものであれば、当該認可等を受けることが必要になります（指針第三の二(一)）。

2　労働者派遣事業の禁止

　組合は、労働者派遣事業を行うことができません（7条2項[10]）。

　これは、自己の雇用する労働者を他人の指揮命令を受けて当該他人のために労働に従事させる労働者派遣事業は、組合員が組合の行う事業に従事するという組合の基本原理（3条1項3号）に反すると考えられるからです（指針第三の二(一)）。

　なお、法は、組合が子会社を設立しうることを当然の前提としていますが（32条5項2号、63条1項4号参照）、例えば、組合が子会社を設立し、その子会社において労働者派遣事業を営むことは、法の趣旨に反すると考えられます[11]。指針においても、労働者派遣事業を行う者を子会社にすることは法の趣旨に反する脱法的な運用であり、厳に避けるべきものであるとされています（指針第三の二(一)）。

三　組合員

I　組合員の資格

　組合の組合員たる資格を有する者は、定款で定める個人とされ、法人が組合員となることはできません（6条）。法人が組合員となることができないのは、組合員自らが組合の行う事業に従事するという組合の基本原理（3条1項3号）に反すると考えられるからです。

10　当該事業を行った場合の罰則が定められています（136条1項2号）。

11　「第203回国会参議院厚生労働委員会第7号」（令和2年12月3日）篠原孝答弁

2　出資義務

　組合員は、出資１口以上を有しなければなりません（９条１項）。組合は、組合員が出資することを基本原理としており（３条１項１号）、出資をせずに組合員となることはできません。この出資１口の金額は均一でなければなりません（９条２項）。

　組合員の数が３人を超える組合においては、一組合員の出資口数は、原則として出資総口数の100分の25を超えることができません（９条３項、４項）。これは、組合員はその出資口数にかかわらず平等に議決権・選挙権を有しますが（３条２項３号）、無制限に出資口数の保有を認めると、事実上その者の影響力が増し、この平等の原則が崩れかねないこと、また、多くの出資口数を持つ組合員が脱退した場合、直ちに組合の事業が立ち行かなくなるおそれがあることから設けられた規定です。なお、①組合員による脱退の予告（14条１項）があった後、当該組合員の脱退前に当該組合員の出資口数の全部又は一部に相当する出資口数を引き受ける組合員、②組合員が法定脱退（15条１項）した後１年以内に当該組合員の出資口数の全部又は一部に相当する出資口数を引き受ける組合員は、総会の特別議決に基づく組合の承諾を得て、出資総口数の100分の35に相当する出資口数まで保有することができます（９条３項、65条５項）。

　組合員の責任は、その出資額が限度となります（有限責任。９条５項）。

3　組合員名簿の作成、備置き及び閲覧等

　組合は、組合員名簿を作成し、各組合員について①氏名及び住所又は居所、②加入の年月日、③出資口数及び金額並びにその払込みの年月日を記載又は記録し、これを主たる事務所に備え置かなければなりません（10条１項、２項）。組合員及び組合の債権者は、組合に対して、その業務取扱時間内は、いつでも、①組合員名簿が書面

12　「時の法令 No. 2122」（商事法務）19頁

をもって作成されているときは、当該書面の閲覧又は謄写の請求、②組合員名簿が電磁的記録で作成されているときは、当該電磁的記録に記録された事項を表示したものの閲覧又は謄写の請求をすることができます。この場合、組合は、正当な理由なくこれを拒むことができません（同条3項）[13]。

4 議決権及び選挙権

組合員は、各1個の議決権と役員又は総代の選挙権を有します（11条1項）。

組合員は、定款で定めるところにより、総会の招集手続によりあらかじめ通知された会議の目的である事項について、書面又は代理人をもって、議決権又は選挙権を行うことができます（同条2項）[14]。代理人は他の組合員でなければならず、5人以上の組合員を代理することができません（同条2項、5項）。代理人が議決権又選挙権を行使する場合、代理権を証する書面を組合に提出しなければなりません（同条6項）[15]。

5 加入

組合員たる資格を有する者が組合に加入しようとするときは、組合は、正当な理由がないのに、その加入を拒み、又はその加入について現在の組合員が加入の際に付されたよりも困難な条件を付してはなりません（12条1項）。組合員が任意に加入し、又は脱退することができることが組合要件とされていること（3条2項1号）を考えると、「正当な理由」の有無は、加入の自由が不当に害されることのないよう限定的に判断されるべきです。これに該当しうるのは、その者の加入を認めることで組合の円滑な事業活動や組織運営

13　これに違反した場合の罰則が定められています（136条1項3号）。
14　定款で定めるところにより、書面による議決権の行使に代えて、議決権を電磁的方法により行うことができます（11条3項）。
15　電磁的方法により議決権を行うことが定款で定められているときは、この書面の提出に代えて、代理権を当該電磁的方法によって証明することができます。

に支障をきたすことが予想される場合などが考えられます。具体的には、加入希望者側の事情として、除名事由（15条2項各号）に該当する行為を現にしているか、することが客観的に見て明らかであること、加入申込前に外部から組合の活動を妨害していたような者であることが、組合側の事情として、組合員の数が組合の事業を行うのに必要な数を大幅に超過している等、加入を認めると組合の円滑な事業活動や組織運営に支障をきたすこと等が考えられます（指針第四の二）[16]。

　組合に加入しようとする者は、定款で定めるところにより加入について組合の承諾を得て、引受出資口数に応ずる金額の払込みを完了した時に組合員となります（12条2項）。

6　持分の譲渡制限

　組合員の持分は、譲渡することができません（13条）。

7　組合による持分取得の禁止

　組合は、組合員の持分を取得し、又は質権の目的としてこれを受けることができません（79条）[17]。

8　労働契約の締結等

(1)　労働契約の締結義務

　組合は、その事業に従事する組合員との間で、労働契約を締結しなければなりません（20条1項）。組合との間で労働契約を締結する組合員は、総組合員の議決権の過半数を保有することとされています（3条2項4号）。組合員との間で労働契約を締結することは、組合要件とされています（3条2項2号）。

　組合員との間で労働契約を締結しなければならないこととされたのは、組合の名を借りた労働者の搾取の防止を図るという趣旨によるものです。労働契約を締結した組合員全員には、労働基準法、最低賃金法、労働組合法等の労働関係法規が基本的に適用さ

16　「時の法令 No. 2122」（商事法務）22頁
17　これに違反した場合の罰則が定められています（136条1項21号）。

れることになります（指針第四の四(一)[18,19]）。

　そのため、各組合においては、①組合員の賃金、事業に従事する時間等については、労働関係法令を遵守したものであること、②組合員と期間の定めのある労働契約を締結する場合については、短時間労働者及び有期雇用労働者の雇用管理の改善等に関する法律等の労働関係法令が適用されること、③組合員に対し、社会保険等の加入など、労働契約の締結を踏まえた必要な措置を講ずることに留意する必要があります（令4・5・27雇均発0527第1号）。

　また、組合は、組合に加入しようとする者を募集する際に職業安定法5条の3第1項により、労働条件を明示しなければなりません。その際、組合は、組合員との間で労働契約を締結しなければならないことについても明示すべきとされています（指針第四の四(二)）。更には、組合は、組合員に対し、不当に低い賃金を支払うこと等により事業を実施することで、公正な競争を阻害することがないようにしなければなりません（指針第三の二(三)）。

　他方で、①組合の業務を執行する組合員（代表理事）、②理事の職務のみを行う組合員（専務理事）、③監事である組合員（組合員監査会を置いている組合においては、組合員監査会の職務の執行に関する事務のみを行う組合員）との間では、労働契約を締結する必要はありません（20条1項各号、57条1項）。これらの者が例外とされたのは、代表理事・専務理事については、組合と委任契約を締結して業務に当たっており（34条）、いわば使用者の立場であること、監事については、監査の独立性を担保する必要があるこ

18　「第203回国会衆議院厚生労働委員会第6号」（令和2年11月20日）西村智奈美答弁

19　労働者協同組合法施行前の事案ですが、協同労働の理念を持ち事業を行う企業組合の組合員について、労働者性を否定した裁判例があります（東京高裁令元.6.4判決）。

とによるものです[20]。

　組合との間で労働契約を締結する組合員は総組合員の議決権の過半数を保有することとされている一方で（3条2項4号）、労働契約を締結する必要のない役員の人数は制限されていません。そのため、労働契約を締結する組合員数を抑えることを目的として、総組合員の半数マイナス1名までを役員とし、これらの者と労働契約を締結しないということが起こりえます。もっとも、例えば、理事の職務のみを行うこととして組合との間で労働契約を締結していない理事を理事の職務以外の事業に従事させること（名ばかり理事）は、20条1項に反すると考えられます。このような理事を理事の職務以外の事業に従事させる場合は、当該理事との間で労働契約を締結することが必要です（指針第四の四(四)[21]）。

(2)　脱退と労働契約

　組合が特定の組合員との労働関係を終了させることを企図し、恣意的にその組合員を脱退させるといった事態を防ぐため（指針第四の四(三)[22]）、死亡による脱退を除き、組合員の脱退は、労働契約を終了させるものと解してはならないとされています（20条2項）。

(3)　不利益取扱いの禁止

　組合は、組合員（組合員であった者を含みます。）であって組合との間で労働契約を締結してその事業に従事するものが、議決権又は選挙権の行使、脱退その他の組合員の資格に基づく行為をしたことを理由として、解雇その他の労働関係上の不利益な取扱いをしてはなりません（21条）。

20　「時の法令 No. 2122」（商事法務）24頁
21　「第203回国会衆議院厚生労働委員会第6号」（令和2年11月20日）宮本徹答弁
22　「時の法令 No. 2122」（商事法務）25頁

9　事業への従事

(1)　5分の4要件

　総組合員の5分の4以上の数の組合員は、組合の行う事業に従事しなければなりません（8条1項）。

　組合の基本原理（3条1項3号）からすれば、本来であれば全ての組合員が組合の行う事業に従事することが適当です。しかし、実際には、家庭の事情によって当分の間事業に従事できなくなるなど、事業に従事する意思はあるものの従事することができない組合員が存在することが想定されます。このような事業に従事することができない組合員について、常に組合からの脱退を求めることは組合の構成を不安定にさせるとの考えから、組合の行う事業に従事しない組合員が一定程度存在することを許容する趣旨によるものです（指針第三の二(二)イ）[23]。

　では、事業に従事することができない組合員の数が総組合員の5分の1を超えそうな場合に、組合が、同項の要件を満たすため、事業に従事することができない組合員を除名することは認められるのでしょうか。法は、単に事業に従事していないことではなく、長期間にわたって組合の行う事業に従事しないことを除名事由としています（15条2項1号）。また、組合員を除名するには、本人に弁明の機会を与えた上で、総会の特別決議が必要とされており、厳格な手続が定められています（15条2項、65条3号）。更には、組合員を除名することを目的として特定の組合員に具体的な業務が与えられないような状況を作出することは、全ての組合員が出資し、自らが働く場を作り出すという組合の理念に根本から反することになると考えられます[24]。そのため、事業に

23　「第203回国会衆議院厚生労働委員会第6号」（令和2年11月20日）西村智奈美答弁

24　「第203回国会衆議院厚生労働委員会第6号」（令和2年11月20日）西村智奈美答弁

従事していない組合員の割合を理由に、直ちに組合員資格を剥奪することはできないと考えられます。

⑵　4分の3要件

　組合の行う事業に従事する者の4分の3以上は、組合員でなければなりません（8条2項）。

　組合が、組合員自らが事業に従事することを基本原理とする組織であることを考えると、本来は、組合の行う事業に従事する者の全員が組合員であることが適当です。もっとも、実際の事業活動においては、事業の繁忙期における人手不足などで、アルバイトとして非組合員を事業に従事させる必要が生じることが考えられます。また、組合では出資の全額の払込みを完了したときに組合員となるため、組合の事業に従事しながら分割で出資の払込みを行い組合員になろうとする者が出てくることも想定されます。同項は、このような実際の必要性に鑑み、組合の基本原理を損なわない範囲内において組合の事業活動に柔軟性を持たせる趣旨の規定です。同項はあくまでも繁忙期等における臨時の目的で設けられた規定ですので、臨時的に組合の行う事業に従事する者について、組合員の資格を与えないまま、永続的に事業に従事させることは想定されていません（指針第三の二⑵ロ）[25]。

　なお、就労継続支援A型事業を実施する組合については、当分の間、特定就労継続支援を受ける者は、「組合の行う事業に従事する者」及び「組合員」に算入されません（分母にも分子にも算入されません。附則3条）。本来であれば、就労継続支援A型事業を実施する組合においても、就労継続支援に従事する従業者と、就労継続支援を受けて生産活動等に従事する事業の利用者とが共に組合の行う事業に従事する者に該当し、本要件における算定の対象となります。しかしそうすると、利用者であって組合員

25　「第203回国会衆議院厚生労働委員会第6号」（令和2年11月20日）西村智奈美答弁

でない者の人数が事業従事者の4分の1を超えることができず、就労継続支援の利用が実質的に制限されることになりかねません。そこで、既に組合の基本原理に沿って就労継続支援A型事業が行われている実態があることに鑑み、就労継続支援A型事業の利用者については、当分の間、事業従事者に関する人数要件において算定の対象とはしないこととされました。[26]

10　脱退

（1）　自由脱退

　　組合員は、90日前までに予告することで、事業年度末において脱退することができます。この予告期間は、定款で延長することができますが、その期間は、1年を超えることはできません（14条）。脱退を予告した組合員も、事業年度末までは組合員ですので、他の組合員と差別的な取扱いをすることはできません。

　　組合員が任意に脱退できることは、組合要件となっています（3条2項1号）。

（2）　法定脱退

　　組合員は、①組合員たる資格の喪失、②死亡、③除名によって脱退します（15条1項）。

　　除名は、以下に該当する組合員について、総会の特別決議によってすることができます。[27]この場合、その総会の会日の10日前までに、その組合員に対しその旨を通知し、かつ、総会において、弁明する機会を与えなければなりません（同条2項、65条3号）。[28]除名は、除名した組合員に通知しなければ、その組合員に対抗することができません（15条3項）。

26　「第203回国会衆議院厚生労働委員会第6号」（令和2年11月20日）宮本徹答弁

27　除名は、組合員たる資格を喪失させる重大な効果を有するものですので、除名の対象となる組合員が15条2項各号に該当するかを十分に確認する必要があります（指針第四の三）。

28　これに違反した場合の罰則が定められています（136条1項4号）。

ア　長期間にわたって組合の行う事業に従事しない組合員

　　組合員が組合の行う事業に従事することは組合の基本原理とされているため（3条1項3号）、除名事由とされたものです。前記のとおり、組合員が、様々な事情により一時的に組合の行う事業に従事できなくなることは想定されうるため、一度又は短期間、事業に従事しなかったことのみを理由として恣意的に除名されることを防止する趣旨で、組合の行う事業に従事しない期間が「長期間」にわたっていることが要件とされています。どの程度の期間が「長期間」に該当するかについては、組合の行う事業の態様や組合員への事業分担の状況等、個別具体的な事情に応じた判断になると考えられます。[29]

イ　出資の払込みその他組合に対する義務を怠った組合員

　　ここでいう「出資の払込み」は、出資一口の金額を増加する場合等を指します（組合に加入する際に出資の払込みをしなければ、組合員になることができません。）。

ウ　その他定款で定める事由に該当する組合員について

　　定款事由としては、組合の存立に重大な影響を与える行為が想定されますが（例えば、組合運営の妨害行為、犯罪その他組合の信用を失墜させる行為等）、定款には、その内容を具体的に規定することが望まれます。[30]

(3)　脱退者の持分の払戻し

　　組合員は、組合を脱退したときは、定款で定めるところにより、その払込済出資額を限度として、その持分の全部又は一部の払戻しを請求することができます（16条1項）。持分の払戻請求権は、組合員の絶対的権利ですが、定款の定めにより、払込済出資額の一部のみを払い戻すこととすることもできます。なお、除名による脱退の場合でも、全く払戻しをしないということはでき

29　「時の法令 No. 2122」（商事法務）23頁
30　「時の法令 No. 2122」（商事法務）24頁

ません。

　脱退した組合員の持分は、脱退した事業年度末における組合財産によって定めることになります（同条2項）[31]。そのため、払戻請求権は、事業年度末までは行使することはできません（法定脱退の場合、停止条件付請求権となります）。この持分を計算するに当たって、組合の財産をもってその債務を完済するに足りないときは、組合は、定款で定めるところにより、脱退した組合員に対し、その未払込出資額の全部又は一部の払込みを請求することができます（同条3項）[32]。

　組合員の払戻請求権と組合の未払込出資額請求権は、当該組合員が脱退した時から2年間で、時効消滅します（17条）。

　脱退した組合員が組合に対する債務を完済するまでは、組合は、持分の払戻しを停止することができます（18条）。

II　**出資口数の減少**

　組合員は、定款で定めるところにより、その出資口数を減少することができます（19条1項）。出資口数の減少は、組合員の出資口数を減らし、減らした口数の分だけ払戻しを行うことです。この払戻しについては、脱退者の持分の払戻しに関する規定（16条、17条）が準用されます（19条2項）。

四　設立

I　**発起人**

　組合を設立するには、組合員になろうとする3人以上の者が発起

31　中小企業等協同組合法に基づく協同組合に関する事例ですが、協同組合の組合員が組合から脱退した場合における持分計算の基礎となる組合財産の価額の評価は、協同組合としての事業の継続を前提とし、なるべく有利にこれを一括譲渡する場合の価額を標準とすべきとする判例があります（最高裁昭44.12.11判決）。
32　出資の払込みを完了している組合員に請求することはできません。

人となる必要があります（22条）。

2 創立総会

　発起人は、定款を作成して、これを会議の日時と場所とともに公告して、創立総会を開かなければなりません（23条1項）。この公告は、会議開催日の少なくとも2週間前までにしなければなりません（同条2項）。発起人が作成した定款の承認、事業計画の設定その他設立に必要な事項の決定は、創立総会の議決によらなければなりません（同条3項）。創立総会では、組合員たる資格に関する規定を除いて、定款を修正することができます（同条4項）。

　創立総会の議事は、組合員たる資格を有する者でその会日までに発起人に対し設立の同意を申し出たものの半数以上が出席して、その議決権の3分の2以上で決します（同条5項）。創立総会では、組合員たる資格を有する者は、各1個の議決権及び選挙権を有します。議決権及び選挙権は、書面又は代理人をもって行うことができます（同条8項・11条）。

　創立総会では、役員（理事3人以上、監事1人以上）を選出します（32条2項、同条3項ただし書）。発起人は、理事が選任された後、遅滞なく、その事務を理事に引き渡さなければなりません（24条）。

　創立総会の議事については、議事録を作成しなければなりません（23条7項、労働者協同組合法施行規則（以下「規則」といいます。）4条）。[33]

3 創立総会の決議の不存在若しくは無効の確認又は取消しの訴え

　創立総会の手続や内容に法令違反や定款違反などがある場合、これらを争う訴えとして、決議不存在確認の訴え、決議無効確認の訴え、決議取消しの訴えが規定されています。これらの訴えについては、会社法の条文が準用されます（23条8項）。

33　議事録を作成せず、又はこれらの書類若しくは電磁的記録に記載し、若しくは記録すべき事項を記載せず、若しくは記録せず、若しくは虚偽の記載若しくは記録をした場合の罰則が定められています（136条1項5号）。

4 出資の第1回の払込み

　発起人から事務の引き渡しを受けた理事は、遅滞なく、出資の第1回の払込みをさせなければなりません。第1回の払込みの金額は、出資1口につき、その金額の4分の1を下回ってはなりません。出資は現物出資も認められています（25条）。

5 成立の時期

　組合は、主たる事務所の所在地において設立の登記をすることによって成立します（26条）。

　組合は、成立の日から2週間以内に、登記事項証明書、定款及び役員の氏名及び住所を記載した書面を添えて、その旨並びに役員の氏名及び住所を都道府県知事に届け出なければなりません（27条、規則5条、【様式1】）[34]。設立にあたって、行政庁の認可、認証は求められていません（準則主義）。

様式第1（規則5条関係）[35]

　　　　　　　　　　　　　　　　　　　　　　　年　月　日

・・・・・都道府県知事殿

　　　　　　　　　　　　　　　組合の住所及び名称
　　　　　　　　　　　　　　　組合を代表する理事の氏名

　　　　　　　　　労働者協同組合成立届書

　労働者協同組合法第27条の規定により労働者協同組合の成立を別紙の登記事項証明書、定款並びに役員の氏名及び住所を記載した書面を添えて届け出ます。

※この用紙は、A列4番とします。
※必要があるときは、所要の変更又は調整を加えることができます。

34　届出をせず、又は虚偽の届出をした場合の罰則が定められています（136条
　　1項6号）。
35　規則が定める様式。以下、同じ。

6　設立無効の訴え

　組合が成立した場合であっても、設立手続について重大な瑕疵があった場合には、設立を無効とすべき場合があります。組合の設立の無効は、設立無効の訴えをもって主張することができます。設立無効の訴えには、会社法の条文が準用されます（28条）。

　設立無効の訴えに係る請求を認容する判決が確定した場合、組合は清算をしなければなりません（94条1項・会社法475条2号）。

労働者協同組合設立の流れ

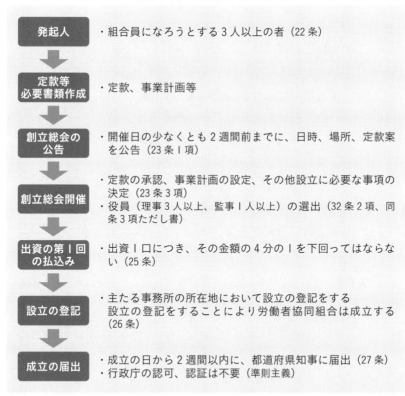

発起人
・組合員になろうとする3人以上の者（22条）

定款等
必要書類作成
・定款、事業計画等

創立総会の
公告
・開催日の少なくとも2週間前までに、日時、場所、定款案を公告（23条1項）

創立総会開催
・定款の承認、事業計画の設定、その他設立に必要な事項の決定（23条3項）
・役員（理事3人以上、監事1人以上）の選出（32条2項、同条3項ただし書）

出資の第1回
の払込み
・出資1口につき、その金額の4分の1を下回ってはならない（25条）

設立の登記
・主たる事務所の所在地において設立の登記をする
　設立の登記をすることにより労働者協同組合は成立する（26条）

成立の届出
・成立の日から2週間以内に、都道府県知事に届出（27条）
・行政庁の認可、認証は不要（準則主義）

五　管理

Ⅰ　定款及び規約

（1）定款

定款は、組合の組織や業務運営の基本的規則です。

ア　絶対的記載事項

組合の定款には、次に掲げる事項を記載し、又は記録しなければなりません（29条1項）。

①事業

②名称

③事業を行う都道府県の区域[36]

④事務所の所在地

⑤組合員たる資格に関する規定

⑥組合員の加入及び脱退に関する規定

⑦出資一口の金額及びその払込みの方法

⑧剰余金の処分及び損失の処理に関する規定

⑨準備金の額及びその積立ての方法

⑩就労創出等積立金に関する規定

⑪教育繰越金に関する規定

⑫組合員の意見を反映させる方策に関する規定[37]

36　都道府県は1つに限定されるものではなく、仮に日本全国で活動する組合であれば、全ての都道府県を記載することが想定されます（「時の法令 No. 2122」（商事法務）27頁）。

37　この具体的な方策については、各組合において、各組合員の意見をどのように集約し、どのように組合の事業運営に反映させるのかについて、その状況を踏まえて定めるものであると想定されています。例えば、会議において意見を集約するのであれば、開催方法、開催の時期・頻度、最終的な意思決定の方法などを、日常的に意見を集約するのであれば、意見箱の設置などその具体的な方法を定めることが想定されます（指針第四の五、「時の法令 No. 2122」（商事法務）27頁）。

⑬役員の定数及びその選挙又は選任に関する規定

⑭事業年度

⑮公告方法[38]

イ　相対的記載事項

　　組合の定款には、絶対的記載事項のほか、①組合の存続期間又は解散の事由を定めたときはその期間又はその事由、②現物出資をする者を定めたときはその者の氏名、出資の目的たる財産及びその価格並びにこれに対して与える出資口数、③組合の成立後に譲り受けることを約した財産がある場合にはその財産、その価格及び譲渡人の氏名を記載し、又は記録しなければなりません（29条2項）。

　　また、①労働者協同組合法の規定により定款の定めがなければその効力を生じない事項及び②その他の事項でこの法律に違反しないものを記載し、又は記録することができます（29条7項）。

38　公告方法として、組合の事務所の店頭に掲示する方法のほか、①官報に掲載する方法、②時事に関する事項を掲載する日刊新聞紙（以下「日刊新聞紙」といいます。）に掲載する方法、③電子公告のいずれかを定款で定めることができます（29条3項）。

　組合が電子公告を公告方法とする旨を定款で定める場合には、その定款には、電子公告を公告方法とすることを定めれば足ります。この場合、事故その他やむを得ない事由によって電子公告による公告をすることができない場合の公告方法として、官報に掲載する方法又は日刊新聞紙に掲載する方法のいずれかを定めることができます（同条4項）。電子公告により公告する場合、①公告に定める期間内に異議を述べることができる旨の公告は、当該期間を経過する日までの間、②これ以外の公告は、当該公告の開始後1か月を経過する日までの間、継続して電子公告による公告をしなければなりません（同条5項）。また、公告期間中、当該公告の内容である情報が不特定多数の者が提供を受けることができる状態に置かれているかどうかについて、調査機関に対し、調査を行うことを求めなければなりません（同条6項・会社法941条）。この調査を求めなかった場合の罰則が定められています（136条1項7号）。

(2) 規約

　　規約は、組合員間を規律する自治規範で、定款を補完するものです。

　　次に掲げる事項は、定款で定めなければならない事項を除いて、規約で定めることができます（30条）。

　　　　①総会又は総代会に関する規定

　　　　②業務の執行及び会計に関する規定

　　　　③役員に関する規定

　　　　④組合員に関する規定

　　　　⑤その他必要な事項

(3) 定款等の備置き及び閲覧

　　組合は、定款及び規約（以下「定款等」といいます。）を各事務所に備え置かなければなりません（31条１項）。組合員及び組合の債権者は、組合に対して、その業務取扱時間内は、いつでも、①定款等が書面をもって作成されているときは、当該書面の閲覧又は謄写の請求、②定款等が電磁的記録をもって作成されているときは、当該電磁的記録に記録された事項を表示したものの閲覧又は謄写の請求をすることができます。この場合、組合は、正当な理由なくこれを拒むことができません（同条２項）。

39　定款等が電磁的記録で作成されており、各事務所において、当該電磁的記録に記録された事項を表示したものの閲覧又は謄写の請求に応じることを可能とするための措置をとっている場合、主たる事務所にのみ備え置けば足ります（31条３項）。

40　これら以外の者から定款等の閲覧等の請求がなされた場合には、組合は必ずしもこれに応じる必要はありませんが、組合への加入を希望する者に対し、組合は、労働条件、組合の運営実態等の必要な情報を提供するなどの配慮を行うことが望ましいとされています（令４・５・27雇均発0527第１号）。

41　これに違反した場合の罰則が定められています（136条１項３号）。

2　役員

(1)　種類、定数、資格

　　組合には、役員として3人以上の理事及び1人以上の監事を置かなければなりません（32条1項、2項[42]）。

　　役員の定数は、定款の絶対的記載事項であり（29条1項13号）、組合自治の下、各組合において判断するものです。もっとも、組合の事業に全く従事しない専任理事が組合の半数を占めるなど、極端に多くの組合員を役員にすることは、20条1項に反するおそれがあることから、総組合員数が少ない組合や組織運営の実情等やむを得ない理由のある組合を除き、役員の定数は総組合員数の1割を超えることがないようにすることが望ましいとされています（指針第六の一(二)）。

　　理事は、組合員（設立当時の理事は、組合員になろうとする者）でなければならず、外部理事は認められていません（32条4項）。

　　監事は、理事又は組合の使用人（役員以外の組合員）との兼職ができず（43条[43]）、組合員の総数が1,000人を超える組合は、1人以上の外部監事を置く必要があります（32条5項、労働者協同組合法施行令（以下「施行令」といいます。）2条1項[44]）。

　　理事又は監事のうち、その定数の3分の1を超えるものが欠けたときは、3か月以内に補充しなければなりません（同条6項[45]）。

42　組合は、役員の氏名又は住所に変更があったときは、その変更の日から2週間以内に、都道府県知事にその旨を届け出なければなりません（33条、規則7条、【様式2、3】）。届出をせず、又は虚偽の届出をした場合の罰則が定められています（136条1項6号）。

43　これに違反した場合の罰則が定められています（136条1項13号）。

44　これに違反した場合の罰則が定められています（136条1項8号）。

45　これに違反した場合の罰則が定められています（136条1項9号）。

様式第2（規則7条関係）

年　月　日

・・・・・都道府県知事殿

組合の住所及び名称
組合を代表する理事の氏名

労働者協同組合役員変更届書

　労働者協同組合法第33条の規定により労働者協同組合の役員の変更を別紙の変更した事項を記載した書面その他の必要書類を添えて届け出ます。

※この用紙は、A列4番とします。
※必要があるときは、所要の変更又は調整を加えることができます。
※本書に、変更した事項を記載した書面並びに変更の年月日及び理由を記載した書面を添えて提出します（規則7条1項）。
※この届出が、役員の選挙又は選任による変更に係るものであるときは、通常総会又は通常総代会において新たな役員を選挙し、又は選任した場合を除き、前記書類のほか、新たな役員を選挙し、若しくは選任した総会若しくは総代会又は選任した理事会の議事録又はその謄本を提出しなければなりません（規則7条2項）。

様式第3（規則7条関係）

年　月　日

厚生労働大臣殿

労働者協同組合連合会の住所及び名称
連合会を代表する理事の氏名

労働者協同組合連合会役員変更届書

　労働者協同組合法第118条第1項において準用する同法第33条の規定により労働者協同組合連合会の役員の変更を別紙の変更した事項を記載した書面その他の必要書類を添えて届け出ます。

※この用紙は、Ａ列４番とします。

※必要があるときは、所要の変更又は調整を加えることができます。

※本書に、変更した事項を記載した書面並びに変更の年月日及び理由を記載した書面を添えて提出します（規則７条１項）。

※この届出が、役員の選挙又は選任による変更に係るものであるときは、通常総会又は通常総代会において新たな役員を選挙し、又は選任した場合を除き、前記書類のほか、新たな役員を選挙し、若しくは選任した総会若しくは総代会又は選任した理事会の議事録又はその謄本を提出しなければなりません（規則７条２項）。

⑵　**選出方法**

　役員は、定款で定めるところにより、総会において選挙します（32条３項[46]）。

　役員の選挙は、無記名投票によって行われ、投票は１人につき１票とされます（同条７項、８項）。役員の選挙は、出席者中に異議がないときは、指名推選の方法によることができます（同条９項）。この場合、まず選考委員を選出し、この選考委員により被指名人の選定を行い、その被指名人をもって当選人と定めるべきかどうかを総会（設立当時の役員は、創立総会）に諮り、出席者の全員の同意があった者をもって当選人とします（同条10項）。一の選挙をもって二人以上の理事又は監事を選挙する場合においては、被指名人を区分して指名推選の方法を用いてはなりません（同条11項）。

　また、役員は、定款で定めるところにより、総会（設立当時の役員は、創立総会）において選任[47]することもできます（同条12項）。

　監事については、その独立性を確保するため、選任議案に対する同意権、提案権、選任若しくは解任又は辞任についての意見陳述権が認められています（38条３項・会社法343条１項、２項、345

46　設立当時の役員は、創立総会において選挙します（32条３項ただし書）。

47　選任とは、総会の議決により選出することをいいます。選挙は、選挙権の行使ですが、選任は議決権の行使です。

条1項[48]）。

（3）　欠格事由

　　①法人（35条1号）、②精神の機能の障害により役員の職務を適正に執行するに当たって必要な認知、判断及び意思疎通を適切に行うことができない者（同条2号、規則8条）、③労働者協同組合法等に違反し、刑に処せられてから2年を経過しない者等（35条3号、4号）、④暴力団の構成員等（同条5号）は役員となることができません。

（4）　**組合と役員との関係**

　　組合と役員との関係は、委任に関する規定が適用されます（34条）。役員は、善良な管理者の注意をもって、委任事務を処理する義務を負います（善管注意義務。民法644条）。

（5）　**任期**

　　理事の任期は、2年以内において定款で定める期間、監事の任期は、4年以内において定款で定める期間ですが（36条1項、2項）[49]、それぞれ定款によって、任期中の最終の決算期に関する通常総会の終結の時まで伸長することができます（同条4項）。

（6）　**職務及び権限**

　ア　理事

　　　理事は、理事会を組織し、総会での議決事項を前提に、その個別具体的な業務執行について決定すること等を任務とします[50]。理事は、法令、定款及び規約並びに総会の決議を遵守し、組合のため忠実にその職務を行わなければなりません（38条1

48　監事が、理事に対し、監事の選任を総会の目的とすること又は監事の選任に関する議案を総会に提出することを請求したのに対し、理事がその請求に係る事項を総会の目的とせず、又はその請求に係る議案を総会に提出しなかった場合の罰則が定められています（136条1項10号）。

49　設立当時の役員の任期は、創立総会において定める期間となりますが、その期間は1年を超えることができません（36条3項）。

50　「時の法令 No. 2122」（商事法務）28頁

項)。

　理事は、組合に著しい損害を及ぼすおそれのある事実があることを発見したときは、直ちに、当該事実を監事（組合員監査会設置組合にあっては監査会員）に報告しなければなりません（同条3項・会社法357条1項）。

　6か月前から組合に加入している組合員は、理事が組合の目的の範囲外の行為その他法令若しくは定款に違反する行為をし、又はこれらの行為をするおそれがある場合において、これによって組合に回復することができない損害が生ずるおそれがあるときは、当該理事に対し、当該行為をやめることを請求することができます（38条3項・会社法360条1項、3項）。

イ　代表理事

　理事会は、理事の中から組合を代表する理事（代表理事）を選定しなければなりません（42条1項）。

　代表理事は、組合の業務に関する一切の裁判上又は裁判外の行為をする権限を有します（同条2項）。この権限に加えた制限は、善意の第三者に対抗することができません（同条3項）。

　組合は、代表理事がその職務を行うについて第三者に加えた損害を賠償する責任を負います（同条5項・一般社団法人及び一般財団法人に関する法律78条）。また、代表理事以外の理事に組合を代表する権限を有するものと認められる名称を付した場合には、当該理事がした行為について、善意の第三者に対してその責任を負います（42条5項・会社法354条）。

ウ　監事

　監事は、理事の職務の執行を監査し、監査報告を作成します（38条2項、規則9条）。そのために、監事は、以下のような職

51　組合は、監査報告書を、通常総会の日の2週間前の日から5年間、主たる事務所に備え置き、組合員及び組合の債権者による閲覧等を可能とする必要があります（51条10項以下）。

務権限を有しています。

㋐　報告請求権、業務及び財産状況調査権

　監事は、いつでも、理事等に対して事業の報告を求め、組合の業務及び財産の状況の調査をすることができます。また、その職務を行うため必要があるときは、組合の子会社に対して事業の報告を求め、又はその子会社の業務及び財産の状況の調査をすることができます（38条3項・会社法381条1項、2項）。

㋑　報告義務

　監事は、理事が不正の行為をし、若しくは当該行為をするおそれがあると認めるとき、又は法令若しくは定款に違反する事実若しくは著しく不当な事実があると認めるときは、遅滞なく、その旨を理事会に報告しなければなりません（38条3項・会社法382条）。

㋒　理事会への出席義務等

　監事は、理事会に出席し、必要があると認めるときは、意見を述べなければなりません（38条3項・会社法383条1項）。また、必要があると認めるときは、理事に対し、理事会の招集を請求することができ、その請求があった日から5日以内に、その請求があった日から2週間以内の日を理事会の日とする理事会の招集の通知が発せられない場合は、自ら理事会を招集することができます（38条3項・会社法383条2項、3項）

㋓　総会の議案等の調査・報告義務

　監事は、理事が総会に提出しようとする議案、書類等を調査しなければなりません。この場合において、法令若しくは定款に違反し、又は著しく不当な事項があると認めるときは、その調査の結果を総会に報告しなければなりません（38条3項・会

52　この調査を妨げた場合の罰則が定められています（136条1項11号）。
53　この調査を妨げた場合の罰則が定められています（136条2項）。
54　この調査を妨げた場合の罰則が定められています（136条1項11号）。

社法384条、規則10条)。

(オ)　理事の行為の差止請求権

　　監事は、理事が組合の目的の範囲外の行為その他法令若しくは定款に違反する行為をし、又はこれらの行為をするおそれがある場合において、当該行為によって当該組合に著しい損害が生ずるおそれがあるときは、当該理事に対し、当該行為をやめることを請求することができます（38条3項・会社法385条）。

(カ)　組合と理事との間の訴えにおける組合の代表

　　監事は、組合と理事との間の訴えにおいて、組合を代表します（38条3項・会社法386条1項、2項）。

(キ)　費用等の請求権

　　監事がその職務の執行について組合に対して、①費用の前払の請求、②支出した費用及び支出の日以後におけるその利息の償還の請求、③負担した債務の債権者に対する弁済（当該債務が弁済期にない場合にあっては、相当の担保の提供）の請求をしたときは、組合は、当該請求に係る費用又は債務が当該監事の職務の執行に必要でないことを証明した場合を除いて、これを拒むことができません（38条3項・会社法388条）。

(7)　役員の報酬等

(ア)　理事の報酬等

　　理事の報酬、賞与その他の職務執行の対価として組合から受ける財産上の利益（報酬等）についての下記事項は、定款に定めがないときは、総会の決議によって定めなければなりません。下記事項を定め、又はこれを改定する議案を総会に提出した理事は、総会において、当該事項を相当とする理由を説明しなければなりません（38条3項・会社法361条1項、4項）。

　　①報酬等のうち額が確定しているものについては、その額
　　②報酬等のうち額が確定していないものについては、その具体的な算定方法

③報酬等のうち金銭でないものについては、その具体的な内
　　　　容
　（イ）　監事の報酬等
　　　監事の報酬等は、定款でその額を定めていないときは、総会
　の決議によって定めます。監事が2人以上いる場合、各監事の
　報酬等について定款の定め又は総会の決議がないときは、定款
　又は総会で定めた報酬等の総額の範囲内で、監事の協議によっ
　て定めることができます。監事は、総会において、監事の報酬
　等について意見を述べることができます（38条3項・会社法387
　条）。

(8)　**自己契約等**
　　理事は、①自己又は第三者のために組合と取引をしようとする
　とき、②組合が理事の債務を保証することその他理事以外の者と
　の間において組合と当該理事との利益が相反する取引をしようと
　するときは、理事会において、その取引について重要な事実を開
　示し、その承認を受けなければならず、また、当該取引後、遅滞
　なく、当該取引についての重要な事実を理事会に報告しなければ
　なりません（44条1項、3項）。

(9)　**損害賠償責任**
　ア　組合に対する損害賠償責任
　　　役員は、その任務を怠ったときは、組合に対し、これによっ
　て生じた損害を賠償する責任を負います（45条1項）。任務を
　怠ってされた行為が理事会の決議に基づいて行われたときは、
　その決議に賛成した理事は、その行為をしたものとみなされま
　す（同条2項）。また、その決議に参加した理事であって議事
　録に異議をとどめないものは、その決議に賛成したものと推定
　されます（同条3項）。

55　開示を怠った場合の罰則が定められています（136条1項14号）。

役員の組合に対する損害賠償責任は、総組合員の同意がなければ免除することができません（同条４項）。ただし、その責任を負う役員が職務を行うにつき善意でかつ重大な過失がないときは、総会の特別決議によって、一定の額を免除することが認められています（同条５項、規則13条１項）。この場合、理事は、総会において、①責任の原因となった事実及び賠償の責任を負う額、②免除することができる額の限度及びその算定の根拠、③責任を免除すべき理由及び免除額を開示しなければなりません（45条６項）。

　イ　第三者に対する損害賠償責任

　　役員がその職務を行うについて悪意又は重大な過失があったときは、当該役員は、これによって第三者に生じた損害を賠償する責任を負います（46条１項）。

　　また、理事が、決算関係書類等に記載、記録すべき重要な事項について虚偽の記載又は記録をしたとき、虚偽の登記や公告をしたとき、監事が、監査報告に記載又は記録すべき重要な事

56　理事は、責任の免除（理事の責任の免除に限ります）に関する議案を総会に提出するには、各監事の同意を得なければなりません（45条７項）。

57　免除の決議があった場合において、組合が当該決議後にその役員に対し退職慰労金その他の財産上の利益を与えるときは、総会の承認が必要です（45条８項、規則13条２項）。

58　開示を怠った場合の罰則が定められています（136条１項15号）。

59　組合は、役員が職務を行うにつき善意でかつ重大な過失がない場合において、責任の原因となった事実の内容、当該役員の職務の執行の状況その他の事情を勘案して特に必要と認めるときは、45条５項により免除することができる額を限度として理事会の決議によって免除することができる旨を定款で定めることができます（45条９項・会社法426条１項）。また、組合は、監事の責任について、当該監事が職務を行うにつき善意でかつ重大な過失がないときは、定款で定めた額の範囲内であらかじめ組合が定めた額と最低責任限度額（45条５項３号）とのいずれか高い額を限度とする旨の契約を監事と締結することができる旨を定款で定めることができます（責任限定契約。45条９項・会社法427条１項）。

項について虚偽の記載又は記録をしたときも、これによって第三者に生じた損害を賠償する責任を負います。ただし、その者が当該行為をすることについて注意を怠らなかったことを証明したときは、その責任を負いません（同条2項）。

ウ　役員の連帯責任

　　役員が組合又は第三者に生じた損害を賠償する責任を負う場合において、他の役員も当該損害を賠償する責任を負うときは、これらの者は、連帯債務者となります（47条）。

エ　補償契約

　　組合が、役員に対して以下の費用等の全部又は一部を補償することを約する契約（以下「補償契約」といいます。）の内容を決定するには、理事会の決議によらなければなりません（48条1項）。

　　①当該役員が、その職務の執行に関し、法令の規定に違反したことが疑われ、又は責任の追及に係る請求を受けたことに対処するために支出する費用[60]

　　②当該役員が、その職務の執行に関し、第三者に生じた損害を賠償する責任を負う場合における次に掲げる損失[61]

　　　i　当該損害を当該役員が賠償することにより生ずる損失

　　　ii　当該損害の賠償に関する紛争について当事者間に和解が成立したときは、当該役員が当該和解に基づく金銭を支払うことにより生ずる損失

　　補償契約に基づく補償をした理事及び当該補償を受けた理事

60　通常要する費用の額を超える部分を補償することはできません（48条2項1号）。

61　①当該組合がこの損害を賠償するとすれば当該損害に係る役員が当該組合に対して45条1項の損害賠償責任を負う場合には、これらの損失のうち当該責任に係る部分、②役員がその職務を行うにつき悪意又は重大な過失があったことによりこの責任を負う場合には、これらの損失の全部を補償することはできません（48条2項2号、3号）。

は、遅滞なく、当該補償についての重要な事実を理事会に報告しなければなりません（48条4項）。

オ　役員のために締結される保険契約

組合が、役員がその職務の執行に関し責任を負うこと又は当該責任の追及に係る請求を受けることによって生ずることのある損害を塡補するものであって、役員を被保険者とする保険契約[62]の内容を決定するには、理事会の決議によらなければなりません（49条1項）。

カ　役員の責任を追及する訴え

役員が組合に対し任務懈怠責任等を負う場合、組合員は、組合に代わって、役員の責任を追及する訴えを提起することができます。役員の責任を追及する訴えについては、会社法の条文が準用されます（50条）。

⑩　**役員の改選請求**

組合員は、総組合員の5分の1（これを下回る割合を定款で定めた場合にあっては、その割合）以上の連署をもって、役員の改選を請求することができます（53条1項）。この請求は、改選の理由を記載した書面を組合に提出して行います[63]（同条3項）。この請求について、総会で出席者の過半数の同意があったときは、その

62　①被保険者に保険者との間で保険契約を締結する組合を含む保険契約であって、当該組合がその業務に関連し第三者に生じた損害を賠償する責任を負うこと又は当該責任の追及に係る請求を受けることによって当該組合に生ずることのある損害を保険者が塡補することを主たる目的として締結されるもの、②役員が第三者に生じた損害を賠償する責任を負うこと又は当該責任の追及に係る請求を受けることによって当該役員に生ずることのある損害（役員がその職務上の義務に違反し若しくは職務を怠ったことによって第三者に生じた損害を賠償する責任を負うこと又は当該責任の追及に係る請求を受けることによって当該役員に生ずることのある損害を除く。）を保険者が塡補することを目的として締結されるものは除かれます（規則14条）。

63　組合の承諾を得て、同書面に記載すべき事項を電磁的方法により提供することができます（53条4項、施行令7条、規則62条）。

請求に係る役員は、その職を失います（同条1項）。改選の請求は、法令又は定款若しくは規約の違反を理由として改選を請求するときを除き、理事の全員又は監事の全員について、同時にしなければなりません（同条2項）。

役員の改選請求があった場合、理事会は、その請求があった日から20日以内に臨時総会を招集すべきことを決しなければなりません（同条8項・59条2項）。また、理事は、その請求を総会の議に付し、かつ、総会の会日の7日前までに、改選の請求にかかる役員に改選の理由を記載した書面等を送付し、かつ総会において弁明する機会を与えなければなりません（53条5項、6項[64]）。

役員の改選請求をした組合員は、その請求をした日から10日以内に理事が総会招集の手続をしないときは、都道府県知事の承認を得て総会を招集することができます（53条8項・60条、【様式5】）。

3　理事会

組合には、全ての理事で組織し、組合の業務執行を決する機関である理事会を置かなければなりません（39条）。

(1)　招集

ア　招集権者

理事会は、原則として各理事が招集しますが、理事会を招集する理事（招集権者）を定款又は理事会で定めた場合には、その理事が招集します。この場合、招集権者以外の理事は、招集権者に対し、理事会の目的である事項を示して、理事会の招集を請求することができ、その請求があった日から5日以内に、その請求があった日から2週間以内の日を理事会の日とする理事会の招集の通知が発せられない場合、自ら理事会を招集することができます（40条6項・会社法366条）。

64　これに違反した場合の罰則が規定されています（136条1項4号）。

年　月　日

・・・・・都道府県知事殿

総会招集の承認を申請する組合員の住所
氏名

労働者協同組合役員改選総会招集承認申請書

　下記のとおり労働者協同組合法第53条第8項において準用する同法第60条の規定により労働者協同組合の役員を改選するための総会の招集について承認を受けたいので、組合員名簿及び総組合員の5分の1（これを下回る割合を定款で定めた場合にあっては、その割合）以上の連署があったことを証する書面を添えて申請します。

記

1　組合の住所

2　組合の名称

3　組合を代表する理事の氏名

4　役員改選の理由

5　役員改選の請求をした年月日

※この用紙は、A列4番とします。
※必要があるときは、所要の変更又は調整を加えることができます。

　イ　招集手続

　　理事会を招集する者は、理事会の日の1週間（これを下回る期間を定款で定めた場合にあっては、その期間）前までに、各理事及び監事に対して招集通知を発しなければなりません。ただし、理事及び監事全員の同意があるときは、招集手続を経ることなく開催することができます（40条6項・会社法368条、施行令4条）。

(2) 決議

　理事会の決議は、議決に加わることができる理事の過半数（これを上回る割合を定款又は規約で定めた場合はその割合以上）が出席し、その過半数（これを上回る割合を定款又は規約で定めた場合はその割合以上）をもって行います（40条1項）。理事会の決議について特別の利害関係を有する理事は、議決に加わることができません（同条2項）。

　組合は、定款で定めるところにより、理事が書面又は電磁的方法により理事会の議決に加わることができるものとすることができます（同条3項）。また、理事が理事会の決議の目的である事項について提案をした場合において、当該提案につき理事（当該事項について議決に加わることができるものに限ります。）の全員が書面又は電磁的記録により同意の意思表示をしたとき（監事が当該提案について異議を述べたときを除きます。）は、当該提案を可決する旨の理事会の決議があったものとみなす旨を定款で定めることができます（同条4項）。

　理事又は監事が理事及び監事の全員に対して理事会に報告すべき事項を通知したときは、当該事項を理事会へ報告する必要はありません（同条5項）。

(3) 議事録

　理事会の議事については、議事録を作成し、出席した理事及び監事が、これに署名し、又は記名押印しなければなりません（41条1項、規則11条）[65,66]。理事会の議事録等は、理事会の日から10年

65　議事録が電磁的記録をもって作成されている場合における当該電磁的記録に記録された事項については、電子署名をしなければなりません（41条2項、規則12条）。

66　議事録を作成せず、又はこれらの書類若しくは電磁的記録に記載し、若しくは記録すべき事項を記載せず、若しくは記録せず、若しくは虚偽の記載若しくは記録をした場合の罰則が定められています（136条1項5号）。

間、主たる事務所に備え置かなければなりません（同条3項[67]）。

　組合員及び組合の債権者は、組合に対して、その業務取扱時間内は、いつでも、①議事録が書面をもって作成されているときは、当該書面又は当該書面の写しの閲覧又は謄写の請求を、②議事録が電磁的記録をもって作成されているときは、当該電磁的記録に記録された事項を表示したものの閲覧又は謄写の請求をすることができます。この場合、組合は、正当な理由なくこれを拒むことができません（同条5項[68]）。

4　組合員監査会

　組合員の総数が20人を超えない組合は、定款で定めるところにより、監事に代えて、理事以外の全ての組合員をもって組織する組合員監査会（以下「監査会」といいます。）を置くことができます（54条1項）。

　特に小規模の組合においては、組合員全員が理事又は使用人として営業や日常事務などの組合の活動に従事したいというニーズがあります。しかし、監事は理事や組合の使用人との兼職が禁止されており（43条）、監事になることでこれらの活動に従事することができなくなるという問題があります。そこで、小規模の組合において、組合の活動への従事のニーズに応えつつ、理事の職務執行に対する監査が適切に行われるように、組合員の総数が20人を超えない組織に限り監事を置かないことができることとし、その場合には、理事以外の全ての組合員で組織する監査会という新たな仕組みを設

67　従たる事務所には議事録等の写しを理事会の日から5年間備え置く必要があります。ただし、議事録等が電磁的記録で作成されており、従たる事務所において、当該電磁的記録に記録された事項を表示したものの閲覧又は謄写の請求に応じることを可能とするための措置をとっているときは、この限りではありません（41条4項）。

68　正当な理由がないのに書面又は電磁的記録に記録された事項を表示したものの閲覧又は謄写を拒んだ場合の罰則が定められています（136条1項12号）。

け、理事の職務執行を監査することとしました（指針第六の三[69]）。

　監査会を組織する組合員（監査会員）は、３人以上でなければなりません（同条２項）。これは、理事の定数が３人以上であること（32条３項）を踏まえ、監査を行う組合員側と監査を受ける理事側との数的な均衡を図る趣旨です[70]。

（1）権限

　監査会は、理事の職務の執行を監査し、監査報告を作成しなければなりません（54条３項、規則９条[71]）。

　監査会は、監事と同様、報告請求権・業務及び財産状況調査権、理事会の招集請求権を有するほか（54条４項・会社法381条２項、同法383条２項、３項）、理事会への報告義務（54条４項・382条）、総会の議案等の調査・報告義務を負います（54条４項・会社法384条、規則10条）。また、理事の行為の差止請求権を有します（54条４項・会社法385条）。

　なお、監査会設置組合と理事との間の訴えについては、総会が、当該訴えについて監査会設置組合を代表する者を定めることができます（57条２項・会社法353条）。

（2）招集

　監査会は、各監査会員が招集します（55条３項・会社法391条）。

　監査会を招集するには、監査会員は、監査会の日の１週間（これを下回る期間を定款で定めた場合にあっては、その期間）前までに、各監査会員に対してその通知を発しなければなりません。ただし、監査会員の全員の同意があるときは、招集の手続を経るこ

---

69 「第203回国会参議院厚生労働委員会第７号」（令和２年12月３日）橋本岳答弁
70 「時の法令No. 2122」（商事法務）30頁
71 監査会による監査がなれ合いによるものとなることを防止する観点から、組合は監査報告を通常総会の日の.2週間前の日から５年間、主たる事務所に備え置き、組合の債権者による閲覧等を可能とする必要があります（51条10項、指針第六の三）。

となく開催することができます（55条3項・会社法392条）。

(3) **決議等**

監査会の決議は、監査会員の過半数をもって行います（55条1項）。

監査会の議事については、議事録を作成しなければなりません（同条4項、規則63条）。監査会の議事録については、理事会の議事録に関する規定（41条3項乃至5項）が準用されます（55条4項）。

(4) **監査会員**

監査会員は、理事会に出席して、意見を述べることができます（56条1項）。

監査会員は、組合に対して、報酬請求権（同条2項）、費用償還請求権・債務弁済請求権（同条3項）を有しています。組合は、監査会員による費用償還請求・債務弁済請求について、当該請求に係る費用又は債務が監査会の職務の執行に必要でないことを証明した場合を除き、拒むことができません（同条3項）。

監査会を置く組合は、監査会員に対し、①監査会の職務の執行に関し、雇用関係に基づく業務上の命令をすること、②当該監査会員から労働時間中に監査会の職務の執行に関する事務を行うために必要な時間の請求があった場合において、当該請求を拒むこと[72]、③監査会の職務の執行を理由として、解雇その他の労働関係上の不利益な取扱いをすることはできません（同条4項）。

5 総会

総会は、組合員の意見を反映した事業の運営という組合の基本原理を具体化する機関であり、組合における最高意思決定機関です[73]。

---

72 当該請求に係る時季に監査会の職務の執行に関する事務を行うことが事業の正常な運営を妨げるとき等は、当該時季を変更することができます（56条4項ただし書）。

73 「特の法令 No. 2122」（商事法務）30頁

（1）　総会の招集

　ア　通常総会

　　通常総会は、定款で定めるところにより、毎事業年度一回招集しなければなりません（58条[74]）。

　イ　臨時総会

　　臨時総会は、必要があるときは、定款で定めるところにより、いつでも招集することができます（59条1項）。

　　また、組合員が総組合員の5分の1（これを下回る割合を定款で定めた場合にあっては、その割合）以上の同意を得て、会議の目的である事項及び招集の理由を記載した書面を理事会に提出して総会の招集を請求したとき[75]は、理事会は、その請求のあった日から20日以内に臨時総会を招集すべきことを決しなければなりません（同条2項）。この請求をした組合員は、請求をした日から10日以内に理事が総会招集の手続をしないときは、都道府県知事の承認を得て総会を招集することができます（60条、規則65条、【様式4】）。

　ウ　総会の招集手続

　　総会の招集は、会日の10日（これを下回る期間を定款で定めた場合にあっては、その期間）前までに、会議の目的である事項を示し、定款で定めた方法に従ってしなければなりません（61条1項[76]）。ただし、組合員の全員の同意があるときは、招集の手続を経ることなく開催することができます（同条3項）。

　　総会の招集は、原則として、理事会が決定します（同条2

────────────────────────

74　これを怠った場合の罰則が定められています（136条1項16号）。

75　電磁的方法により議決権を行うことが定款で定められているときは、書面の提出に代えて、当該書面に記載すべき事項及び理由を当該電磁的方法により提供することができます。この場合には、その提供をした組合員は、当該書面を提出したものとみなされます（59条3項）。

76　総会においてその延期又は続行について決議があった場合には、これらの手続は必要ありません（68条）。

年　月　日

・・・・・都道府県知事殿

総代会招集の承認を申請する総代の住所
氏名

労働者協同組合総会招集承認申請書

　下記のとおり労働者協同組合法第60条の規定により労働者協同組合の総会の招集について承認を受けたいので、組合員名簿及び総組合員の５分の１（これを下回る割合を定款で定めた場合にあっては、その割合）以上の同意を得たことを証する書面を添えて申請します。

記

1　組合の住所

2　組合の名称

3　組合を代表する理事の氏名

4　申請の理由

5　総会招集の目的

6　理事会に総会招集を請求した場合は、その年月日

※この用紙は、Ａ列４番とします。
※必要があるときは、所要の変更又は調整を加えることができます。

項）。

(2)　総会の決議事項

　以下の事項は、総会の議決を経なければなりません（63条）。
　　①定款の変更[77]

77　定款を変更したときは、その変更の日から２週間以内に、変更に係る事項を都道府県知事に届け出なければなりません（63条３項、規則67条、【様式12】）。届出をせず、又は虚偽の届出をした場合の罰則が定められています（136条１項６号）。

年　月　日

・・・・・都道府県知事殿

組合の住所及び名称
組合を代表する理事の氏名

労働者協同組合定款変更届書

労働者協同組合法第63条第3項の規定により労働者協同組合の定款の変更を別紙の変更理由書その他の必要書類を添えて届け出ます。

※この用紙は、A列4番とします。

※必要があるときは、所要の変更又は調整を加えることができます。

※本書に、①変更理由書、②定款中の変更しようとする箇所を記載した書面、③定款の変更を議決した総会又は総代会の議事録又はその謄本を添えて提出しなければなりません（規則67条1項）。

※組合の定款の変更が事業計画又は収支予算に係るものであるときは、前記①～③の書類のほか、定款変更後の事業計画書又は収支予算書を提出しなければなりません（規則67条2項）。

※組合の定款の変更が出資一口の金額の減少に関するものであるときは、前記①～③の書類のほか、72条1項の規定により作成した財産目録及び貸借対照表並びに第73条2項の規定による公告及び催告（73条3項の規定により公告を官報のほか29条3項の規定による定款の定めに従い同項2号又は3号に掲げる公告方法によってした場合にあっては、これらの方法による公告）をしたこと並びに異議を述べた債権者があったときは、73条5項の規定による弁済若しくは担保の提供若しくは財産の信託をしたこと又は出資一口の金額の減少をしてもその債権者を害するおそれがないことを証する書面を提出しなければなりません（規則67条3項）。

②規約の設定、変更又は廃止

③毎事業年度の収支予算及び事業計画の設定又は変更

④一定の場合における組合の子会社の株式又は持分の全部又は一部の譲渡

⑤労働者協同組合連合会への加入又は脱退

⑥その他定款で定める事項

(3)　**総会の議事**

　　総会の議事は、労働者協同組合法又は定款若しくは規約に特別の定めがある場合を除いて、出席者の議決権の過半数で決し、可否同数のときは、議長の決するところによります（普通決議。64条1項）。ただし、次に掲げる事項は、総組合員の半数以上が出席し、その議決権の3分の2以上の多数による議決が必要となります（特別決議。65条）。

　　　①定款の変更

　　　②組合の解散又は合併

　　　③組合員の除名

　　　④事業の全部の譲渡

　　　⑤特定の組合員が組合の出資総口数の100分の25を超える出資
　　　　口数を保有することの承諾

　　　⑥役員の組合に対する損害賠償責任の免除

　　総会において選任される議長は、組合員として総会の議決に加わる権利を有しません（64条2項、3項）。

　　総会では、定款に別段の定めがある場合、総会を招集の手続を経ることなく開催した場合（61条3項）を除いて、招集手続において予め通知された事項についてのみ議決することができます（64条4項）。

(4)　**総会への報告・説明義務**

　ア　理事の報告義務

　　　理事は、各事業年度に係る組合員の意見を反映させる方策の

78　規約の変更のうち軽微な事項、関係法令の改正（条項の移動等当該法令に規定する内容の実質的な変更を伴わないものに限ります。）に伴う規定の整理については、定款で総会の議決を経ることを要しないものとすることができます。この場合、総会の議決を経ることを要しない事項の範囲及び当該変更の内容の組合員に対する通知、公告その他の周知の方法を定款で定めなければなりません（63条2項、規則66条）。

実施の状況及びその結果を、通常総会に報告しなければなりません（66条1項）。これは、組合の基本原理である意見反映原則（3条1項2号）を担保するため、「組合員の意見を反映させる方策に関する規定」が定款の絶対的記載事項となっているところ（29条1項12号）、この方策に基づき組合員それぞれが出した意見がどのように反映されたのかを全ての組合員が確実に共有することができるようにする趣旨です（指針第四の五[79]）。

また、理事は、①就業規則を作成したときは当該就業規則の内容を、②就業規則を変更したときは当該変更の内容を、③労働協約を締結したときは当該労働協約の内容を、④労働基準法第四章に規定する協定の締結又は委員会の決議があった場合は当該協定又は当該決議の内容を、その事由が生じた後最初に招集される総会に報告しなければなりません（同条2項[80,81]）。

イ　理事及び監事の説明義務

理事及び監事は、総会において、組合員から特定の事項について説明を求められた場合には、当該事項について必要な説明をしなければなりません。ただし、当該事項が総会の目的である事項に関しないものである場合、その説明をすることにより組合員の共同の利益を著しく害する場合その他正当な理由がある場合は、この限りではありません（67条、規則68条）。

(5) 総会の議事録

総会の議事については、議事録を作成し[82]、これを総会の会日か

79　「時の法令No. 2122」（商事法務）32頁

80　この報告により、就業規則等の周知義務（労働基準法106条1項）が免除されるわけではありません（「時の法令No. 2122」（商事法務）32頁）

81　これらについて総会に報告せず、又は虚偽の報告をした場合の罰則が定められています（136条1項17号）。

82　議事録を作成せず、又はこれらの書類若しくは電磁的記録に記載し、若しくは記録すべき事項を記載せず、若しくは記録せず、若しくは虚偽の記載若しくは記録をした場合の罰則が定められています（136条1項5号）。

ら10年間、主たる事務所に備え置かなければなりません（69条1項、2項、規則69条）[83]。

　組合員及び組合の債権者は、組合に対して、その業務取扱時間内は、いつでも、①議事録が書面をもって作成されているときは、当該書面又は当該書面の写しの閲覧又は謄写の請求、②議事録が電磁的記録をもって作成されているときは、当該電磁的記録に記録された事項を表示したものの閲覧又は謄写の請求をすることができます。この場合、組合は、正当な理由なくこれを拒むことができません（同条4項）[84]。

(6)　**総会の決議の不存在若しくは無効の確認又は取消しの訴え**

　総会の手続や内容に法令違反や定款違反などがある場合、これらを争う訴えとして、決議不存在確認の訴え、決議無効確認の訴え、決議取消しの訴えが規定されています。これらの訴えについては、会社法の条文が準用されます（70条）。

6　総代会

(1)　**設置**

　組合員の総数が200人を超える組合は、定款で定めるところにより、総会に代わるべき総代会を設けることができます（71条1項）。

　総会は、全組合員が出席し、議決権や選挙権を行使することのできる重要な機関ですが、多数の組合員がいる組合については、会場の確保など物理的に開催が困難な場合も想定されることに鑑

83　従たる事務所には議事録の写しを総会の会日から5年間備え置く必要があります。ただし、議事録が電磁的記録で作成されている場合であって、従たる事務所において、当該電磁的記録に記録された事項を表示したものの閲覧又は謄写の請求に応じることを可能とするための措置をとっているときは、この限りではありません（69条3項）。

84　正当な理由がないのに書面又は電磁的記録に記録された事項を表示したものの閲覧又は謄写を拒んだ場合の罰則が定められています（136条1項12号）。

み、総会に代わる意思決定の場を設けることを可能にするもので
す[85]。

(2) 総代

　総代は、定款で定めるところにより、組合員のうちから、その
住所等に応じて公平に選挙されなければなりません（71条2
項）。住所は地理的な公平性を示すものであり、他には、例えば
組合が複数の事業を行っている場合には各事業の従事者が総代に
なることが望ましいと考えられます[86]。

　総代の定数は、その選挙の時における組合員の総数の10分の1
（組合員の総数が2000人を超える組合にあっては200人）を下回って
はなりません（同条3項）。総代の選挙は、無記名投票によって
行われ、投票は1人につき1票とされます（同条4項・32条7
項、8項）。

　総代の任期は、3年以内において定款で定める期間です（同条
5項）。

(3) 総会に関する規定の準用

　総会に関する規定は総代会に準用されますが、総代会では、代
理人は2人以上の組合員を代理することができないとされ（71条
6項。総会の場合、5人以上の組合員を代理することができないと
されています。）、また、補欠の総代の選挙を除く総代の選挙をする
こと、組合の解散又は合併、事業の全部の譲渡について議決する
ことはできないとされています（同条7項）。

7　決算関係書類等の監査等

(1) 決算関係書類等

ア　作成、提出等

　組合は、その成立の日における貸借対照表を作成しなければ

85　「時の法令 No. 2122」（商事法務）32頁
86　「時の法令 No. 2122」（商事法務）32頁

なりません（51条1項、規則18条以下）[87]。

　また、各事業年度に係る決算関係書類（貸借対照表、損益計算書、剰余金処分案又は損失処理案）及び事業報告書並びにこれらの附属明細書を作成し（51条2項、規則20条以下）[88,89,90]、これらについて監事の監査を受けた後（51条5項、規則51条以下）、理事会の承認を受けなければなりません（51条6項）。その後、理事は、通常総会の通知に際して、組合員に対し、理事会の承認を受けた決算関係書類及び事業報告書（監査報告を含みます。）を提供した上で（同条7項、規則55条以下）、監事の意見を記載した書面又はこれに記載すべき事項を記録した電磁的記録を添付して決算関係書類及び事業報告書を通常総会に提出又は提供し、その承認を求めなければなりません（51条8項）。また、理事は、この事業報告書の内容を通常総会に報告しなければなりません（同条9項）。

イ　備置き及び閲覧等

　組合は、決算関係書類を作成したときから10年間、当該決算関係書類及びその附属明細書を保存しなければなりません（51条4項）。また、各事業年度に係る決算関係書類等（決算関係書類及び事業報告書並びにこれらの附属明細書。監査報告書を含みます。）を通常総会の日の2週間前の日から5年間、主たる事務

87　これに違反した場合の罰則が定められています（136条1項3号）。
88　これらは、電磁的記録をもって作成することができます（51条3項）。
89　組合は、組合員が自ら組合の事業に従事することを基本原理とするため（3条1項3号）、組合が出資して子会社を保有することは通常想定されませんが、組合が子会社を保有する場合、事業報告書に、規則48条等の規定に基づいて子会社の状況等を記載し、124条1項の規定に基づき都道府県知事に提出することになります（令4・5・27雇均発0527第1号）。
90　これに違反した場合の罰則が定められています（136条1項3号）。

所に備え置かなければなりません（同条10項）。組合員及び組合の債権者は、組合に対して、その業務取扱時間内は、いつでも、①決算関係書類等が書面をもって作成されているときは、当該書面又は当該書面の写しの閲覧の請求、②①の書面の謄本又は抄本の交付の請求、③決算関係書類等が電磁的記録をもって作成されているときは、当該電磁的記録に記録された事項を表示したものの閲覧の請求、④③の電磁的記録に記録された事項を電磁的方法であって組合の定めたものにより提供することの請求又はその事項を記載した書面の交付の請求をすることができます。ただし、②又は④の請求をするには、組合の定めた費用を支払わなければなりません（同条12項）。

(2) 会計帳簿等

組合は、適時に、正確な会計帳簿を作成しなければなりません（52条１項、規則57条以下）。

組合は、会計帳簿の閉鎖の時から10年間、その会計帳簿及びその事業に関する重要な資料を保存しなければなりません（52条２項）。

組合員は、総組合員の100分の３（これを下回る割合を定款で定めた場合にあっては、その割合）以上の同意を得て、組合に対して、その業務取扱時間内は、いつでも、①会計帳簿又はこれに関する資料が書面をもって作成されているときは、当該書面の閲覧又は謄写の請求、②会計帳簿又はこれに関する資料が電磁的記録

91　従たる事務所には、決算関係書類等の写しを、通常総会の日の２週間前の日から３年間備え置く必要があります。ただし、決算関係書類等が電磁的記録で作成されており、従たる事務所において、当該電磁的記録に記録された事項を表示したものの閲覧又は謄写の請求等に応じることを可能とするための措置をとっているときは、この限りではありません（51条11項）。なお、これに違反した場合の罰則が定められています（136条１項３号）。

92　これに違反した場合の罰則が定められています（136条１項３号）。

93　これに違反した場合の罰則が定められています（136条１項３号）。

をもって作成されているときは、当該電磁的記録に記載された事項を表示したものの閲覧又は謄写の請求をすることができます。この場合、組合は、正当な理由がないのにこれを拒むことができません（同条3項）。

8　出資一口の金額の減少

出資一口の金額の減少は、例えば、従来出資一口5万円であったものを、出資一口1万円とするような場合をいいます。出資一口の金額を減少する理由としては、①事業の縮小等により当初予定していた出資額が必要なくなり、未払込出資金払込義務を免除するため、②欠損が生じた場合に、払込出資金を切り捨て、出資額と純財産額を一致させて剰余金の算出を可能とするため、③組合員の加入を容易にするため等が考えられます。

(1)　総会決議

出資一口の金額は、定款の絶対的記載事項ですので（29条1項7号）、これを減少するには総会で定款変更の議決（65条1号）をする必要があります。

(2)　貸借対照表の作成等

組合は、総会において出資一口の金額の減少の議決があったときは、その議決の日から2週間以内に、財産目録及び貸借対照表を作成し、かつ、これらを主たる事務所に備え置かなければなりません（72条1項[94]）。

組合員及び組合の債権者は、組合に対して、その業務取扱時間内は、いつでも、この財産目録及び貸借対照表の閲覧の請求をすることができます。この場合、組合は、正当な理由なくこれを拒むことができません（同条2項[95]）。

94　これに違反して出資一口の金額を減少した場合の罰則が定められています（136条1項18号）。

95　これらに違反した場合の罰則が定められています（136条1項3号）。

(3) 債権者保護手続

　組合が出資一口の金額の減少をする場合、組合の債権者は、当該組合に対し、出資一口の金額の減少について異議を述べることができます（73条1項）。

　この場合、組合は、①出資一口の金額を減少する旨、②債権者が一定の期間内（1か月を下回ることができません）に異議を述べることができる旨を官報に公告し、かつ、知れている債権者には各別に催告しなければなりません（同条2項）[96,97]。債権者がこの期間内に異議を述べなかったときは、当該債権者は、出資一口の減少について承認したものとみなされます（同条4項）。他方、債権者がこの一定の期間内に異議を述べたときは、組合は、出資一口の金額の減少をしても当該債権者を害するおそれがないときを除き、当該債権者に対し、弁済し、若しくは相当の担保を提供し、又は当該債権者に弁済を受けさせることを目的として信託会社等に相当の財産を信託しなければなりません（同条5項）[98]。

(4) 出資一口の金額の減少の無効の訴え

　出資一口の金額の減少の手続に違法がある場合、出資一口の金額の減少の無効の訴えによって無効を主張することができます。出資一口の金額の減少の無効の訴えについては、会社法の資本金の額の減少の無効の訴えの規定が準用されます（74条）。

9　計算

(1) 会計の原則

　組合の会計は、一般に公正妥当と認められる会計の慣行に従い

96　組合が、公告を、官報のほか、定款の定めに従って日刊新聞紙に掲載する方法又は電子公告によってするときは、知れている債権者への各別の催告は不要です（73条3項）。

97　公告をすることを怠り、又は不正の公告をした場合の罰則が定められています（136条1項19号）。

98　これに違反して出資一口の金額を減少した場合の罰則が定められています（136条1項18号）。

ます（75条）。

(2)　準備金

　　組合は、定款で定める額に達するまでは、毎事業年度の剰余金
の10分の１以上を準備金として積み立てなければなりません（76
条１項）。この定款で定める額（上限額）は、出資総額の２分の１
を下ってはなりません（同条２項）。この準備金は、損失の塡補
に充てる場合を除いて、取り崩すことができません（同条３項[99]）。

　　これは、組合の健全な運営を確保するために剰余金を積み立て
ておくものです。

(3)　就労創出等積立金

　　組合は、その事業規模又は事業活動の拡大を通じた就労の機会
の創出を図るために必要な費用に充てるため、毎事業年度の剰余
金の20分の１以上を就労創出等積立金として積み立てなければな
りません（76条４項[100]）。

　　これは、組合の事業規模、事業活動の拡大を通じた就労の機会
の創出を図るために剰余金を積み立てておくものです。中長期的
な視点に立って、将来事業を拡大する際の原資として用いること
を想定したもので、事業作りのための資金というべきものです[101]。

(4)　教育繰越金

　　組合は、組合員の組合の事業に関する知識の向上を図るために
必要な費用に充てるため、毎事業年度の剰余金の20分の１以上を
教育繰越金として翌事業年度に繰り越さなければなりません（76
条５項[102]）。

　　これは、組合員の組合事業に関する知識の向上を図るため、剰

99　これらに違反した場合の罰則が定められています（136条１項20号）。
100　これに違反した場合の罰則が定められています（136条１項20号）
101　「第203回国会参議院厚生労働委員会第７号」（令和２年12月３日）桝屋敬
　　悟答弁
102　これに違反した場合の罰則が定められています（136条１項20号）

余金を翌事業年度に繰り越しておくものです。組合では、地域のために働きたいと考える多様な者が各自のライフスタイルに合った働き方を選択することを認めており、それぞれに合った教育を行うために設けられたもので、人作りのための資金というべきものです。[103]

(5) 剰余金の配当

組合は、損失を塡補し、準備金、就労創出等積立金、教育繰越金を控除した後でなければ、剰余金の配当をすることができません（77条1項）。

剰余金の配当は、定款で定めるところにより、組合員が組合の事業に従事した程度に応じてしなければなりません（従事分量配当。同条2項）。[104] 組合は、営利を目的としてその事業を行ってはならないとされ、出資配当は禁止されていますが（3条3項）、[105,106] 剰余金は、組合員が事業に従事した成果であることから、その成果を事業に従事した程度に応じて分配することは許容されると考えられています。「組合員が組合の事業に従事した程度」の具体的な評価にあたっては、組合の事業に従事した日数、時間等が主な考慮要素となるほか、業務の質や責任の軽重なども考慮されると考えられます（指針第六の二(二)）。[107,108]

---

103 「第203回国会参議院厚生労働委員会第7号」（令和2年12月3日）桝屋敬悟答弁

104 剰余金配当の具体的な方法については、各組合において組合員の意見を反映して決定されるべきものであるとの考えから、定款の絶対的記載事項（29条1項8号）として、組合に委ねられています（指針第六の二(二)）。

105 労働契約に基づく労働の対価である賃金の支払と、剰余金の配当は全く異なるものであることに留意する必要があります。また、賃金を不当に低く抑えることで剰余金を多くすることがないよう、組合員の意見を反映させる方策等を通じて、各組合において、組合員が安心して生活できる水準の賃金を定めることが望ましいとされています（指針第六の二(一)）。

106 これらに違反した場合の罰則が定められています（136条1項20号）

107 「時の法令 No. 2122」（商事法務）34頁

組合は、定款で定めるところにより、組合員が出資の払込みを終わるまでは、その組合員に配当する剰余金をその払込みに充てることができます（78条）。

六　解散、清算、合併

Ⅰ　解散

(1)　解散の事由

組合は、次に掲げる事由によって解散するほか、組合員が3人未満になり、そのなった日から引き続き6か月間その組合員が3人以上にならなかった場合においても、その6か月を経過した時に解散します（80条1項、2項）。

　　①総会の決議

　　②組合の合併（合併により当該組合が消滅する場合）

　　③組合についての破産手続開始の決定

　　④定款で定める存続期間の満了又は解散事由の発生

　　⑤都道府県知事による解散命令（127条3項）

組合が上記②、③、⑤以外の事由により解散したときは、解散の日から2週間以内に、その旨を都道府県知事に届け出なければなりません（80条3項、規則70条、【**様式14**】[109]）。

(2)　休眠組合

組合であって、当該組合に関する登記が最後にあった日から五年を経過したもの（休眠組合）は、都道府県知事が当該休眠組合に対し2か月以内に都道府県知事に事業を廃止していない旨の届

108　剰余金の配当を行うこととなった場合には、その方法は各組合において組合員の意見を反映して決定されるべきものですが、その際、公平性が確保され、組合員の納得感が得られるよう配慮する必要があります（令4・5・27雇均発0527第1号）。

109　届出をせず、又は虚偽の届出をした場合の罰則が定められています（136条1項6号）。

様式第14（規則第70条関係）

年　月　日

・・・・・都道府県知事殿

組合の住所及び名称
組合を代表する清算人の氏名

労働者協同組合解散届書

　下記のとおり労働者協同組合法第80条第3項の規定により労働者協同組合の解散を届け出ます。

記

1　成立の年月日

2　解散の年月日

3　解散の理由

4　清算人の住所及び氏名

5　その他参考となるべき事項

※この用紙は、A列4番とします。
※必要があるときは、所要の変更又は調整を加えることができます。

出をすべき旨を官報に公告した場合[110]において、その届出をしないときは、その2か月の期間の満了の時に、解散したものとみされます。ただし、当該期間内に当該休眠組合に関する登記がされたときは、この限りではありません（81条1項、規則71条）。これは、設立にあたって準則主義がとられていることの弊害を防ぐ趣旨です[111]。

(3)　**組合の継続**

　　組合は、総会の決議（80条1項1号）、定款で定める存続期間の

110　この場合、都道府県知事は、休眠組合に対し、その旨の通知を発しなければなりません（81条2項）。

111　「時の法令 No. 2122」（商事法務）34頁

満了又は解散事由の発生（同項4号）によって解散した場合、休眠組合であって解散したものとみなされた場合（81条1項）には、その清算が結了するまで（休眠組合であって解散したものとみなされた場合には、解散したものとみなされた後3年以内）、総会の特別決議によって、組合を継続することができます（82条1項、2項・65条）。この決議によって組合が継続したときは、2週間以内に、その旨を都道府県知事に届け出なければなりません（82条3項[112]）。

2　清算

組合は、①解散した場合[113]（合併によって解散した場合（80条1項2号）、破産手続開始決定により解散した場合であって破産手続が終了していない場合を除きます。）、②設立無効の訴えに係る請求を認容する判決が確定した場合には、清算をしなければなりません（94条1項・会社法475条）。

(1)　清算組合の権利能力

清算をする組合（清算組合）は、清算の目的の範囲内において、清算が結了するまではなお存続するものとみなされます（94条1項・会社法476条）。清算組合は、清算の目的の範囲内においてのみ権利能力を有しますので、原則として新たに取引をすることはできません。

(2)　清算組合の機関

ア　清算人

清算人は、清算組合のために、清算事務を行う者です。

㈠　選任・解任

組合が解散したときは、合併及び破産手続開始の決定による

112　届出をせず、又は虚偽の届出をした場合の罰則が定められています（136条1項6号）。

113　解散をするには、総会の特別決議が必要です（65条2号）。

解散の場合を除いて理事が清算人となりますが、総会において他の者を選任することができます（93条）。設立無効の訴えに係る請求を認容する判決が確定した場合には、裁判所が、利害関係人の申立てにより清算人を選任します（94条1項・会社法478条4項）。

　清算人は、裁判所が選任した場合を除き、いつでも、総会の決議によって解任することができます。また、重要な事由があるときは、裁判所は、総組合員の5分の1以上の同意を得た組合員の申立てにより、清算人を解任することができます（94条1項・会社法479条）。

(イ)　職務及び権限

　清算人は、①現務の結了、②債権の取立て及び債務の弁済、③残余財産の分配を行います（94条1項・会社法481条）。

　清算人は、その就任後遅滞なく、清算組合の財産の現況を調査し、清算原因発生日における財産目録等（財産目録及び貸借対照表）を作成しなければなりません。この財産目録等は、清算人会の承認を受けた上で、総会に提出又は提供し、その承認を受ける必要があります（94条1項・会社法492条、規則78条以下）。

　清算人は、清算組合の財産がその債務を完済するのに足りないことが明らかになったときは、直ちに破産手続開始の申立てをしなければなりません。清算組合が破産手続開始決定を受け

114　同条により清算人になる者がいないときは、裁判所は、利害関係人の申立てにより、清算人を選任します（94条1項・会社法478条2項）。

115　この調査を妨げた場合の罰則が定められています（136条1項11号）。

116　財産目録等を作成せず、又はこれらの書類若しくは電磁的記録に記載し、若しくは記録すべき事項を記載せず、若しくは記録せず、若しくは虚偽の記載若しくは記録をした場合の罰則が定められています（136条1項5号）。

117　これに違反した場合の罰則が定められています（136条1項22号）。

た場合、清算人の任務は、その事務を破産管財人に引き継いだ
ときに終了します（94条1項・会社法484条）。

イ　代表清算人

　　代表清算人は、清算組合の業務に関する一切の裁判上又は裁
判外の行為をする権限を有します（94条2項・42条2項）。

　　93条の規定によって理事が清算人となる場合、代表理事が代
表清算人となります。裁判所が清算人を選任する場合、裁判所
は清算人の中から代表清算人を定めることができます（94条1
項・会社法483条4項、5項）。

ウ　清算人会

　　清算組合は、全ての清算人で組織する清算人会を置かなけれ
ばなりません。清算組合の業務の執行は、清算人会が決します
（94条2項・39条）。

エ　監事

　　監事は、清算人の職務を監査します（94条2項・38条2項）。

オ　総会

　　組合における総会の招集手続（59条2項乃至4項、60条、【様
式9】）や、理事及び監事の説明義務（67条）、報告義務（会社
法384条）に関する規定が準用されています（94条2項）。

(3)　**債務の弁済**

　　清算人は、清算組合の債務の弁済をします（94条1項・会社法
481条2号）。債務の弁済にあたっては、債権者が公平に弁済を受
けられるよう、以下の手続を取る必要があります。

　　まず、清算組合は、清算開始原因が生じた後、遅滞なく、債
権者に対し、一定の期間内（2か月を下回ることができません。）
にその債権を申し出るべき旨を公告し、かつ、知れている債権
者には、各別にこれを催告しなければなりません。この公告
には、債権者が当該期間内に申出をしないときは清算から除斥
される旨を付記しなければなりません（94条1項・会社法499

様式第9 （規則第65条関係）

年　月　日

・・・・・都道府県知事殿

総会招集の承認を申請する組合員の住所
氏名

労働者協同組合清算のための総会招集承認申請書

　下記のとおり労働者協同組合法第94条第2項において準用する同法第60条の規定により労働者協同組合の清算のための総会の招集について承認を受けたいので、組合員名簿及び総組合員の5分の1（これを下回る割合を定款で定めた場合にあっては、その割合）以上の同意を得たことを証する書面を添えて申請します。

記

1　組合の住所

2　組合の名称

3　組合を代表する理事の氏名

4　申請の理由

5　総会招集の目的

6　清算人会に総会招集を請求した場合は、その年月日

※この用紙は、A列4番とします。
※必要があるときは、所要の変更又は調整を加えることができます。

[118,119]条）。清算組合は、前記期間内は、裁判所の許可を得た場合を除いて、債務の弁済をすることができません。[120]この場合において、清算組合は、その債務の不履行によって生じた責任を免れること

118　公告をすることを怠り、又は不正の公告をした場合の罰則が定められています（136条1項19号）。

119　清算の結了を遅延させる目的で期間を不当に定めた場合の罰則が定められています（136条1項23号）。

ができません（94条1項・会社法500条）。

　また、清算組合は、債務を弁済した後でなければ、その財産を組合員に分配することができません。ただし、その存否又は額について争いのある債権に係る債務についてその弁済をするために必要と認められる財産を留保した場合は、組合員に分配することができます（94条1項・502条[121]）。

⑷　**残余財産の分配等**

　労働者協同組合法には、後述する特定労働者協同組合の場合を除いて、残余財産の分配方法に関する規定がないため、定款の定め等に従って、残余財産の分配をおこなうことになります。

⑸　**清算事務の終了**

　清算組合は、清算事務が終了したときは、遅滞なく、決算報告を作成し、清算人会の承認を受けた上で、総会に提出又は提供し、その承認を受けなければなりません。この承認があったときは、清算人の職務の執行に関し不正の行為があったときを除き、任務を怠ったことによる清算人の損害賠償の責任は、免除されたものとみなされます（94条1項・会社法507条、規則80条）

3　合併

　合併は、2つ以上の組合が1つの組合になることをいいます。組合が他の組合とする合併で、合併によって消滅する組合の権利義務の全部を合併後存続する組合に承継させるものを吸収合併、2つ以上の組合がする合併で、合併によって消滅する組合の権利義務の全部を合併により設立する組合に承継させるものを新設合併といいます。

　組合は、総会の特別議決を経て、他の組合と合併をすることがで

120　これに違反して債務の弁済をした場合の罰則が定められています（136条1項24号）。
121　これに違反して財産の分配をした場合の罰則が定められています（136条1項25号）。

きます。この場合、合併をする組合は、合併契約を締結しなければなりません（83条、65条2号）。

　組合が合併したときは、合併の日から2週間以内に、登記事項証明書（新設合併設立組合にあっては、登記事項証明書及び定款）を添えて、その旨（新設合併設立組合にあっては、その旨並びに役員の氏名及び住所）を都道府県知事に届け出なければなりません（91条、規則77条、【様式15、17】[122]）。

　吸収合併と新設合併の手続は、以下のとおりです。

(1) 吸収合併

ア　吸収合併契約

　組合が吸収合併をする場合、吸収合併契約において、次に掲げる事項を定めなければなりません（84条）。

　①吸収合併存続組合及び吸収合併消滅組合の名称及び住所

　②吸収合併存続組合の出資一口の金額

　③吸収合併消滅組合の組合員に対する出資の割当てに関する事項

　④吸収合併消滅組合の組合員に対して支払をする金額を定めたときは、その定め

　⑤吸収合併の効力発生日

　⑥その他厚生労働省令で定める事項

イ　吸収合併消滅組合の手続

(ア)　総会決議等

　吸収合併消滅組合は、吸収合併の効力発生日の前日までに、総会の特別決議によって、当該契約の承認を受けなければなりません（86条3項、65条2号）。また、吸収合併をする旨、債権者が一定の期間内（1か月を下回ることはできません）に異議を述べることができる旨を官報に公告し、かつ知れている債権者

122　届出をせず、又は虚偽の届出をした場合の罰則が定められています（136条1項6号）。

様式第 15（規則第 77 条関係）

年　月　日

・・・・・都道府県知事殿

合併後存続する組合の住所及び名称
その組合を代表する理事の氏名
合併によって消滅する組合の住所及び名称
その組合を代表する理事の氏名

労働者協同組合合併届書

　労働者協同組合法第91条の規定により労働者協同組合の合併を別紙の合併理由書その他の必要資料を添えて届け出ます。労働者協同組合法第91条の規定により労働者協同組合の合併を別紙の合併理由書その他の必要資料を添えて届け出ます。

※この用紙は、A列4番とします。

※必要があるときは、所要の変更又は調整を加えることができます。

※本書に、①合併理由書、②合併後存続する組合又は合併によって設立する組合の定款、③合併契約の内容を記載した書面又はその謄本、④合併後存続する組合又は合併によって設立する組合の事業計画書、⑤合併後存続する組合又は合併によって設立する組合の収支予算書、⑥合併の当事者たる組合が合併に関する事項につき議決した総会の議事録その他必要な手続があったことを証する書面、⑦合併の当事者たる組合が作成した最終事業年度末日における貸借対照表（最終事業年度がない場合にあっては、合併の当事者たる組合の成立の日における貸借対照表）、⑧86条4項、87条6項又は88条4項の規定による請求をした組合員があるときは、当該請求に係る手続の経過を記載した書面、⑨合併の当事者たる組合が86条5項、87条7項及び88条5項において準用する73条2項の規定による公告及び催告（同条3項の規定により公告を官報のほか29条3項の規定による定款の定めに従い同項2号又は3号に掲げる公告方法によってした場合にあっては、これらの方法による公告）をしたこと並びに異議を述べた債権者があるときは、73条5項の規定により当該債権者に対し弁済し、若しくは相当の担保を提供し、若しくは当該債権者に弁済を受けさせることを目的として相当の財産の信託をしたこと又は当該合併をしても当該債権者を害するおそれがないことを証する書面を添えて提出しなければなりません（規則77条1項）。

※合併により組合を設立した場合にあっては、前記書類のほか、合併によって設立した組合の役員の氏名及び住所を記載した書面並びにこれらの役員の選任及び前記②、④及び⑤の書類の作成が89条2項の規定による設立委員によってなされたものであることを証する書面を提出しなければなりません（規則77条2項）。

年　月　日

・・・・・都道府県知事殿

　　　　　　合併によって設立しようとする組合の住所及び名称
　　　　　　合併によって消滅する組合の住所及び名称
　　　　　　その組合から選任された設立委員の住所及び氏名

労働者協同組合合併届書

　　労働者協同組合法第91条の規定により労働者協同組合の合併を別紙の合併理由書及び定款その他の必要資料を添えて届け出ます。

※この用紙は、A列4番とします。

※必要があるときは、所要の変更又は調整を加えることができます。

※本書に、①合併理由書、②合併後存続する組合又は合併によって設立する組合の定款、③合併契約の内容を記載した書面又はその謄本、④合併後存続する組合又は合併によって設立する組合の事業計画書、⑤合併後存続する組合又は合併によって設立する組合の収支予算書、⑥合併の当事者たる組合が合併に関する事項につき議決した総会の議事録その他必要な手続があったことを証する書面、⑦合併の当事者たる組合が作成した最終事業年度末日における貸借対照表（最終事業年度がない場合にあっては、合併の当事者たる組合の成立の日における貸借対照表）、⑧86条4項、87条6項又は88条4項の規定による請求をした組合員があるときは、当該請求に係る手続の経過を記載した書面、⑨合併の当事者たる組合が86条5項、87条7項及び88条5項において準用する73条2項の規定による公告及び催告（同条3項の規定により公告を官報のほか29条3項の規定による定款の定めに従い同項2号又は3号に掲げる公告方法によってした場合にあっては、これらの方法による公告）をしたこと並びに異議を述べた債権者があるときは、73条5項の規定により当該債権者に対し弁済し、若しくは相当の担保を提供し、若しくは当該債権者に弁済を受けさせることを目的として相当の財産の信託をしたこと又は当該合併をしても当該債権者を害するおそれがないことを証する書面を添えて提出しなければなりません（規則77条1項）。

※合併により組合を設立した場合にあっては、前記書類のほか、合併によって設立した組合の役員の氏名及び住所を記載した書面並びにこれらの役員の選任及び前記②、④及び⑤の書類の作成が89条2項の規定による設立委員によってなされたものであることを証する書面を提出しなければなりません（規則77条2項）。

には各別にこれを催告しなければなりません（86条5項・73条2項）。[123,124]

⑷　事前備置書面等

　吸収合併消滅組合は、①前記総会の会日の2週間前の日、②前記公告又は催告の日いずれか早い日、のいずれか早い日から吸収合併の効力が生ずる日までの間、吸収合併契約の内容等を記載し、又は記録した書面又は電磁的記録をその主たる事務所に備え置かなければなりません（86条1項、規則72条）。吸収合併消滅組合の組合員及び債権者は、当該吸収合併消滅組合に対して、その業務取扱時間内は、いつでも、①前記書面の閲覧の請求、②前記書面の謄本又は抄本の交付の請求、③前記電磁的記録に記録された事項を表示したものの閲覧の請求、④前記電磁的記録に記録された事項を電磁的方法であって吸収合併消滅組合の定めたものにより提供することの請求又はその事項を記載した書面の交付の請求をすることができます。ただし、②又は④の請求をするには、当該吸収合併消滅組合の定めた費用を支払わなければなりません（86条2項）。[125]

⑺　差止請求

　吸収合併が法令又は定款に違反する場合において、吸収合併消滅組合の組合員が不利益を受けるおそれがあるときは、吸収合併消滅組合の組合員は、吸収合併消滅組合に対し、当該吸収合併をやめることを請求することができます（86条4項）。

123　吸収合併消滅組合が、公告を、官報のほか、定款の定めに従って日刊新聞紙に掲載する方法又は電子公告によってするときは、知れている債権者への各別の催告は不要です（86条5項・73条3項）。

124　公告をすることを怠り、又は不正の公告をした場合の罰則が定められています（136条1項19号）。

125　吸収合併消滅組合がこれらに違反した場合の罰則が定められています（136条1項3号）。

(エ)　債権者保護手続

　　吸収合併消滅組合の債権者は、当該組合に対し、吸収合併することについて異議を述べることができます（86条5項・73条1項）。債権者が異議を述べることができる期間内に異議を述べなかったときは、当該債権者は、吸収合併について承認したものとみなされます（86条5項・73条4項）。他方で、債権者がこの一定の期間内に異議を述べたときは、吸収合併消滅組合は、吸収合併をしても当該債権者を害するおそれがないときを除き、当該債権者に対し、弁済し、若しくは相当の担保を提供し、又は当該債権者に弁済を受けさせることを目的として信託会社等に相当の財産を信託しなければなりません（86条5項・73条5項）[126]。

ウ　吸収合併存続組合の手続

(ア)　総会決議等

　　吸収合併存続組合は、効力発生日の前日までに、総会の特別決議によって、吸収合併契約の承認を受けなければなりません。ただし、吸収合併消滅組合の総組合員の数が吸収合併存続組合の総組合員の数の5分の1を超えない場合であって、かつ、吸収合併消滅組合の最終の貸借対照表により現存する総資産額が吸収合併存続組合の最終の貸借対照表により現存する総資産額の5分の1を超えない場合の合併については、この限りではありません（87条3項、65条2号）。

　　総会の決議を経ないで合併をする場合には、効力発生日の20日前までに、合併をする旨並びに吸収合併消滅組合の名称及び住所を公告し、又は組合員に通知しなければなりません（87条5項）。この公告又は通知の日から2週間以内に、総組合員の6分の1以上の組合員が合併に反対する旨を吸収合併存続組合

126　これに違反して合併した場合の罰則が定められています（136条1項18号）。

に対し通知したときは、効力発生日の前日までに、総会の決議によって、吸収合併契約の承認を受けなければなりません（同条4項）。

　吸収合併存続組合は、吸収合併をする旨、債権者が一定の期間内（1か月を下回ることはできません）に異議を述べることができる旨を官報に公告し、かつ知れている債権者には各別にこれを催告しなければなりません（同条7項・73条2項）[127,128]。

（イ）　事前備置書面

　吸収合存続組合は、①吸収合併契約について総会の決議によってその承認を受けなければならないときは、当該総会の会日の2週間前の日、②87条5項の公告又は通知の日のいずれか早い日、③87条7項・73条2項の官報公告日又は知れている債権者への各別の催告日のいずれか早い日、のいずれか早い日から吸収合併の効力が生じた日後6か月を経過する日までの間、吸収合併契約の内容等を記載し、又は記録した書面又は電磁的記録をその主たる事務所に備え置かなければなりません（87条1項、規則73条）。吸収合併存続組合の組合員及び債権者は、当該吸収合併存続組合に対して、その業務取扱時間内は、いつでも、前記書面の閲覧の請求等をすることができます（87条2項）[129]。

（ウ）　差止請求

　吸収合併が法令又は定款に違反する場合において、吸収合併存続組合の組合員が不利益を受けるおそれがあるときは、吸収

127　吸収合併存続組合が、公告を、官報のほか、定款の定めに従って日刊新聞紙に掲載する方法又は電子公告によってするときは、知れている債権者への各別の催告は不要です（87条7項・73条3項）。

128　公告をすることを怠り、又は不正の公告をした場合の罰則が定められています（136条1項19号）。

129　吸収合併存続組合がこれらに違反した場合の罰則が定められています（136条1項3号）。

合併存続組合の組合員は、吸収合併存続組合に対し、当該吸収合併をやめることを請求することができます。ただし、吸収合併存続組合が総会の決議を経ないで合併をする場合（87条4項の規定による合併に反対する旨の通知があった場合は除きます。）は、この限りではありません（同条6項）。

(エ)　**債権者保護手続**

吸収合併消滅組合の場合と同様の債権者保護手続が定められています（87条7項・73条）[130]。

(オ)　**事後開示書面**

吸収合併存続組合は、吸収合併の効力が生じた日後遅滞なく、吸収合併により吸収合併存続組合が承継した吸収合併消滅組合の権利義務その他の吸収合併に関する事項を記載し、又は記録した書面又は電磁的記録を作成しなければなりません（87条8項、規則74条）。この書面又は電磁的記録は、吸収合併の効力が生じた日から6か月間、主たる事務所に備え置かなければなりません（87条9項）。

吸収合併存続組合の組合員及び債権者は、当該吸収合併存続組合に対して、その業務取扱時間内は、いつでも、①前記書面の閲覧請求、②前記書面の謄本又は抄本の交付請求、③前記電磁的記録に記録された事項を表示したものの閲覧請求、④前記電磁的記録に記録された事項を電磁的方法であって吸収合併存続組合の定めたものにより提供することの請求又はその事項を記載した書面の交付の請求をすることができます。ただし、②又は④の請求をするには、当該吸収合併存続組合の定めた費用を支払わなければなりません（同条10項）[131]。

130　これに違反して合併した場合の罰則が定められています（136条1項18号）。
131　吸収合併存続組合がこれらに違反した場合の罰則が定められています（136条1項3号）

㋕　合併の効果

　　吸収合併存続組合は、効力発生日に、吸収合併消滅組合の権利義務を承継します（90条1項）。

(2)　**新設合併**

　ア　新設合併契約

　　2つ以上の組合が新設合併をする場合には、新設合併契約において、次に掲げる事項を定めなければなりません（85条）。

　　①新設合併消滅組合の名称及び住所

　　②新設合併設立組合の事業、名称、主たる事務所の所在地及び出資一口の金額

　　③新設合併消滅組合の組合員に対する出資の割当てに関する事項

　　④新設合併消滅組合の組合員に対して支払をする金額を定めたときは、その定め

　　⑤その他厚生労働省令で定める事項

　イ　新設合併消滅組合の手続

　㋐　**総会決議等**

　　新設合併消滅組合は、総会の特別決議によって、新設合併契約の承認を受けなければなりません（88条3項、65条2号）。また、新設合併をする旨、債権者が一定の期間内（1か月を下回ることはできません）に異議を述べることができる旨を官報に公告し、かつ知れている債権者には各別にこれを催告しなければなりません（88条5項・73条2項）。[132,133]

132　新設合併消滅組合が、公告を、官報のほか、定款の定めに従って日刊新聞紙に掲載する方法又は電子公告によってするときは、知れている債権者への各別の催告は不要です（88条5項・73条3項）。

133　公告をすることを怠り、又は不正の公告をした場合の罰則が定められています（136条1項19号）。

(イ)　事前備置書面

　　新設合併消滅組合は、①前記総会の会日の二週間前の日、②前記公告の日又は催告の日のいずれか早い日、のいずれか早い日から新設合併設立組合の成立の日までの間、新設合併契約の内容等を記載し、又は記録した書面又は電磁的記録をその主たる事務所に備え置かなければなりません（88条1項、規則75条）。新設合併消滅組合の組合員及び債権者は、当該新設合併消滅組合に対して、その業務取扱時間内は、いつでも、前記書面の閲覧の請求等をすることができます（88条2項[134]）。

(ウ)　差止請求

　　新設合併が法令又は定款に違反する場合において、新設合併消滅組合の組合員が不利益を受けるおそれがあるときは、新設合併消滅組合の組合員は、新設合併消滅組合に対し、当該新設合併をやめることを請求することができます（88条4項）。

(エ)　債権者保護手続

　　新設合併消滅組合の債権者には、吸収合併消滅組合の債権者と同様の保護手続が定められています（88条5項・73条[135]）。

ウ　新設合併設立組合の手続等

(ア)　設立委員の選任等

　　合併によって組合を設立するには、各組合がそれぞれ総会の特別決議で組合員のうちから選任した設立委員が共同して定款を作成し、役員を選任し[136]、その他設立に必要な行為をしなければなりません（89条2項、4項・65条）。役員の任期は、最初の

134　新設合併消滅組合がこれらに違反した場合の罰則が定められています（136条1項3号）。

135　これに違反して合併した場合の罰則が定められています（136条1項18号）。

136　理事は組合員でなければならず、また、事業年度の開始の時における組合員の総数が1,000人を超える組合は、1人以上の外部監事を置く必要があります（89条5項・32条4項本文、同条5項、施行令2条1項）。なお、外部監事を置かなかった場合の罰則が定められています（136条1項8号）。

通常総会の日までとなります（89条3項）。

　㈠　事後開示書面

　　新設合併設立組合は、成立の日後遅滞なく、新設合併により新設合併設立組合が承継した新設合併消滅組合の権利義務その他の新設合併に関する事項を記載し、又は記録した書面又は電磁的記録を作成しなければなりません（89条6項、規則76条）。この書面又は電磁的記録は、新設合併設立組合成立の日から6か月間、その主たる事務所に備え置かなければなりません（89条7項）。

　　新設合併設立組合の組合員及び債権者は、当該新設合併設立組合に対して、その業務取扱時間内は、いつでも、前記書面の閲覧請求等をすることができます（同条8項）[137]。

　㈡　合併の効果

　　新設合併設立組合は、主たる事務所の所在地において設立の登記をすることによって成立し（26条）、その日に、新設合併消滅組合の権利義務を総計します（90条2項）。

⑶　**合併の無効の訴え**

　　組合の合併手続に違法がある場合、合併の無効の訴えによって無効を主張することができます。合併の無効の訴えについては、会社法の規定が準用されます（92条）。

第3　特定労働者協同組合

　労働者協同組合法施行前から、協同労働の理念を持ち、特定非営利活動法人を利用して活動している団体が存在していたところ、同法施

137　新設合併設立組合がこれらに違反した場合の罰則が定められています（これらに違反した場合の罰則が定められています（136条1項3号））。

行後にこれらの団体が組合に組織変更することが想定されていました。しかし、組合は税法上普通法人として課税されるため、特定非営利活動法人が組合に組織変更すると税負担が増えることになり、そのことが組合への組織変更の妨げになるのではないかとの懸念がありました。そこで、余剰金の配当が行われないこと、残余財産について組合員からの出資額を超える金額が国等又は同種の法人へ帰属すること等が担保された組合（特定労働者協同組合）を創設し、特定労働者協同組合としての認定を受けた組合については、公益法人等として税法上の優遇措置が受けられることとされました（収益事業から生じた所得以外の所得を非課税とするほか、公益法人等の軽減税率及び寄附金の損金不算入制度を除き、公益法人等に係る取扱いが適用されます）。

　特定労働者協同組合の創設等を内容とする改正法（労働者協同組合法等の一部を改正する法律。以下「改正法」といいます。）は、2022年6月13日、第208回国会において成立し、同月17日に公布、一部の規定を除いて同年10月1日に施行されました。[138]

一　都道府県知事の認定

1　認定基準

　組合は、次の基準に適合する組合であることについての都道府県知事の認定を受けることができます（94条の2、3）[139]。この認定を受けた組合を、特定労働者協同組合（以下「特定組合」といいます。）といいます。都道府県知事は、この認定をしたときは、その旨を公示します（94条の8、規則81条の4）。

　　①その定款に剰余金の配当を行わない旨の定めがあること。

---

②その定款に解散した場合において組合員に対しその出資額を限度として分配した後の残余財産が国若しくは地方公共団体又は他の特定労働者協同組合に帰属する旨の定めがあること。

③前記①、②の定款の定めに反する行為を行うことを決定し、又は行ったことがないこと。

④各理事（清算人を含みます。）について、当該理事及び当該理事の配偶者又は三親等以内の親族その他の当該理事と特殊の関係のある者である理事の合計数の理事の総数のうちに占める割合が、3分の1以下であること（規則81条の2）。

2　欠格事由

前記認定基準に適合する場合であっても、次のいずれかに該当する組合は、この認定を受けることができません（94条の4）。

①役員に、ⅰ特定組合がその認定を取り消された場合において、取消原因となった事実があった日以前1年以内に当該特定組合の業務を行う理事であった者でその取消しの日から2年を経過しない者、ⅱ労働者協同組合法等に違反し、刑に処せられてから2年を経過しない者、ⅲ禁錮以上の刑に処せられ、その刑の執行を終わり、又は刑の執行を受けることがなくなった日から2年を経過しない者、ⅳ暴力団の構成員等のいずれかに該当する者があるもの

②特定組合の認定を取り消され、その取消しの日から2年を経過しないもの

③その定款の内容が法令又は法令に基づく都道府県知事の処分に違反しているもの

④暴力団、暴力団又は暴力団の構成員等の統制の下にあるもの

3　認定の申請

前記認定の申請は、①名称及び代表理事の氏名、②事業を行う都道府県の区域及び事務所の所在地を記載した申請書を都道府県知事

に提出してしなければなりません（94条の5、規則81条の3、【様式18の2】）。

様式第18の2（規則第81条の3関係）

年　月　日

・・・・・都道府県知事殿

組合の住所及び名称
組合を代表する理事の氏名

特定労働者協同組合認定申請書

労働者協同組合法第94条の2に規定する認定を受けたいので、同法第94条の5第1項の規定により下記のとおり申請します。

記

1　事業を行う都道府県の区域
2　事務所の所在場所

※この用紙は、A列4番とします。
※必要があるときは、所要の変更又は調整を加えることができます。
※本書に、①役員の氏名、生年月日及び住所を記載した書類、②94条の3各号に掲げる基準に適合することを説明した書類、③役員が94条の4第1号イからニまでのいずれにも該当しないことを説明した書類、④94条の4第2号から第4号までのいずれにも該当しないことを説明した書類、⑤前記①～④に掲げるもののほか、行政庁が必要と認める書類を添付しなければなりません（規則81条の3第2項）。

4　変更の認定、届出

特定組合は、主たる事務所の所在場所の変更をしようとするときは、軽微な変更[140]を除き、都道府県知事の認定を受けなければなりま

140　主たる事務所の所在場所の変更であって、当該変更前及び変更後の事務所の所在場所が同一の都道府県の区域内である場合をいいます（規則81条の5）。

せん（94条の9、規則81条の6、【様式18の3】[141]）。また、名称又は代表理事の氏名の変更（合併に伴うものを除きます。）があったときは、遅滞なく、その旨を都道府県知事に届け出なければなりません（94条の10、規則81条の8、【様式18の4】[142]）。

様式第18の3（規則第81条の6関係）

年　月　日

・・・・・都道府県知事殿

組合の住所及び名称
組合を代表する理事の氏名

変更認定申請書

　労働者協同組合法第94条の9第1項に規定する変更の認定を受けたいので、同条第2項の規定により下記のとおり申請します。

記

変更に係る事項	変　更　後	変　更　前
変更の理由		
変更予定年月日	年　月　日	

※この用紙は、A列4番とします。
※必要があるときは、所要の変更又は調整を加えることができます。
※本書に、①定款、②81条の3第2項各号に掲げる書類、③当該変更を決議した総会又は総代会の議事録の写し、④当該変更が合併又は事業の譲渡に伴うものである場合には、その契約書の写し、⑤前記①～④に掲げるもののほか、行政庁が必要と認める書類を添付しなければなりません（規則81条の6第2項）。

141　偽りその他不正の手段により変更の認定を受けた場合の罰則が定められています（132条の2）。

142　届出をせず、又は虚偽の届出をした場合の罰則が定められています（136条1項6号）。

年　月　日

・・・・・都道府県知事殿

組合の住所及び名称
組合を代表する理事の氏名

変更届出書

労働者協同組合法第94条の10第1項に掲げる変更をしたので、同項の規定により下記のとおり届け出ます。

記

変更に係る事項	変　更　後	変　更　前
変更の理由		
変更年月日	年　月　日	

※この用紙は、A列4番とします。

※必要があるときは、所要の変更又は調整を加えることができます。

※本書に、①名称の変更があった場合、定款その他の行政庁が必要と認める書類、②代表理事の氏名の変更があった場合、代表理事の氏名、生年月日及び住所を記載した書類、代表理事が94条の4第1号イからニまでのいずれにも該当しないことを説明した書類、③その他の行政庁が必要と認める書類を添付しなければなりません（規則81条の8第2項）。

5　認定の取消し

都道府県知事は、一定の事由がある場合には、認定を必要的に取り消し、又は取り消すことができます（94条の19）。

二 名称

　特定組合でない者は、その名称中に、特定労働者協同組合であると誤認されるおそれのある文字を用いてはなりません（94条の7[143,144]）。

三 監事選任の特例

　組合は、組合員の総数が1,000人を超える場合に1人以上の外部監事を置くこととされていますが（32条5項、施行令2条1項）、特定組合は、組合員の数にかかわらず、1人以上の外部監事を置くこととされています（94条の11第1項、32条5項[145]）。また、特定組合は、組合員監査会を置くことができません（94条の11第2項）。

四 報酬規程等の作成、閲覧等

　特定組合は、毎事業年度初めの3か月以内に、次に掲げる書類（報酬規程等）を作成しなければなりません（94条の12第1項[146]）。

　①前事業年度の特定組合の事業に従事する者に対する報酬及び給与の支給に関する規程（規則81条の9）

　②前事業年度の役員名簿

　③役員に対する報酬の支給の状況、給与を得た職員の総数及び当該職員に対する給与の総額に関する事項を記載した書類（規則81条の10）

143　改正法施行時にその名称中に特定労働者協同組合であると誤認されるおそれのある文字を用いている者については、同規定は、改正法施行後6か月間は適用されません（改正法2条）。

144　これに違反した場合の罰則が定められています（137条3号）。

145　これに違反した場合の罰則が定められています（136条1項8号）。

146　これらは電磁的記録をもって作成することができます（94条の12第2項）。

特定組合は、報酬規程等を作成した時から５年間、主たる事務所に備え置かなければなりません（同条３項）[147]。報酬規程等、定款、貸借対照表又は損益計算書は、誰でも、特定組合に対して、その業務取扱時間内はいつでも、これらの写し等の閲覧請求をすることができ、特定組合は、正当な理由がないのにこれを拒むことができません（同条５項）[148]。ただし、特定組合は、役員名簿について閲覧の請求があった場合には、これに記載され、又は記録された事項中、個人の住所に係る記載又は記録の部分を除外して、その閲覧をさせることができます（同条６項）。

　特定組合は、毎事業年度一回、報酬規程等を都道府県知事に提出しなければなりません。ただし、前記①の書面については、既に都道府県知事に提出されている内容に変更がある場合に提出すれば足ります（94条の13、規則81条の11、【様式18の5】）[149]。

五　剰余金配当の禁止

　特定組合は、剰余金の配当をすることができません（94条の15）[150]。

　組合員に対して、組合の事業に従事した程度に応じて剰余金の配当を行うことは、組合要件とされていますが（３条２項５号）、特定組合

147　従たる事務所には、報酬規程等を作成した時から３年間、その写しを備え置かなければなりません。ただし、当該報酬規程等が電磁的記録をもって作成されている場合であって、従たる事務所において、電磁的記録に記録された事項を表示したものの閲覧の請求に応じることを可能とするための措置をとっている場合は、この限りではありません（94条の12第４項）。

148　特定組合がこれらに違反した場合の罰則が定められています（136条１項３号）。

149　報酬規程等を提出せず、又はこれに虚偽の記載をして提出した場合の罰則が定められています（136条１項26号）。

150　これに違反して剰余金の配当をした場合の罰則が定められています（136条１項27号）。

年　月　日

・・・・・都道府県知事殿

組合の住所及び名称
組合を代表する理事の氏名

特定労働者協同組合報酬規程等提出書

　労働者協同組合法第94条の13の規定により別紙の特定労働者協同組合の報酬規程等を提出します。

※この用紙は、Ａ列４番とします。
※必要があるときは、所要の変更又は調整を加えることができます。

が創設された趣旨に鑑み、例外規定が設けられています。

六　残余財産の分配

　特定組合の清算人は、特定組合の債務を弁済してなお残余財産があるときは、これを組合員に対し、出資口数に応じて分配しなければなりません。ただし、組合員に分配することができる金額は、その出資額が限度となります。組合員に分配してもなお残余財産がある場合、その財産は、都道府県知事に清算結了の届出をした時（94条の18）において、定款で定めるところにより、国若しくは地方公共団体又は他の特定組合に帰属します。これらによっても処分されない財産は、国庫に帰属することになります（94条の17）[151]。

---

[151]　これに違反して残余財産の分配をした場合の罰則が定められています（136条１項28号）。

七　税法上の措置

　特定組合には、以下の税法上の措置が講じられます。

　　①特定組合の事業に係る法人の事業税について、事業の所得で収
　　　益事業に係るもの以外のものを非課税とする措置が講じられま
　　　す（地方税法72条の5第1項2号）。

　　②割引債の差益金額に係る源泉徴収等の特例について、支払を受
　　　ける割引債の償還金につき所得税の納税義務者となる内国法人
　　　の範囲に労働者協同組合を加える措置等が講じられます（租税
　　　特別措置法41条の12の2第1項、同法42条の3の2第1項）。

　　③完全子法人株式等に係る配当等の課税の特例について対象とな
　　　る内国法人の範囲から労働者協同組合を除くこと等の措置が講
　　　じられます（所得税法177条1項、同法255条1項11号）。

　　④特定組合を公益法人等の範囲に加え、収益事業から生じた所得
　　　以外の所得を非課税とする等の措置が講じられます（法人税法
　　　37条4項、同法66条1項、2項、別表第二）。

第4　労働者協同組合連合会

一　事業

　労働者協同組合連合会（以下「連合会」といいます。）は、組合又は
連合会を会員とし、会員の指導、連絡及び調整に関する事業を行う法
人です（95条1項、99条、100条）[152]。

　事業の具体例としては、財務会計、労務管理等に係る統一ひな形の
作成、共通のロゴマークの作成、組合制度の発展のためのセミナー開

152　これら以外の事業を行った場合の罰則が定められています（136条1項29
　　号）。

催などが想定され、個別の組合のように、実際の事業を行うものでは
ありません[153]。

二　名称

　連合会は、その名称中に労働者協同組合連合会という文字を用いな
ければなりません（97条1項）。また、連合会でない者は、その名称
中に労働者協同組合連合会であると誤認されるおそれのある文字を用
いてはなりません（同条2項）[154,155]。

三　登記

　連合会は、登記をしなければならず、登記を必要とする事項は、登
記の後でなければ、これをもって第三者に対抗することができません
（98条）[156]。

四　会員

1　会員の資格
　連合会の会員たる資格を有する者は、定款で定める組合又は連合
会です（99条）。

2　出資
　連合会は、定款で定めるところにより、会員に出資をさせること
ができます（101条1項）。会員に出資をさせる連合会を出資連合

153　「時の法令 No. 2122」（商事法務）35頁
154　労働者協同組合法施行の際、現にその名称中に労働者協同組合連合会であ
　　ると誤認されるおそれのある文字を用いている者については、同項の規定
　　は、同法施行後6か月間は適用されません（附則31条）。
155　これに違反した場合の罰則が定められています（137条4号）。
156　登記を怠った場合の罰則が定められています（136条1項1号）。

会、出資をさせない連合会を非出資連合会といいます。

　出資連合会において、会員は出資１口以上を有しなければならず、また、出資一口の金額は均一でなければなりません（101条2項・9条1項、2項）。

　会員の責任は、賦課された経費の負担（104条）のほか、その出資額が限度となります（101条2項・9条5項）。

3　会員名簿の作成、備置き及び閲覧等

　連合会は、会員名簿を作成し、これを主たる事務所に備え置いた上で、組合員及び組合の債権者の閲覧に供さなければなりません（102条・10条）[157]。

4　議決権及び選挙権

　会員は、各1個の議決権と役員の選挙権を有します。ただし、会員である組合の組合員数に基づいて、定款で別段の定めをすることができます（103条1項）。

　会員は、定款で定めるところにより、総会の招集手続によりあらかじめ通知のあった事項について、書面又は代理人をもって、議決権又は選挙権を行うことができます（103条2項・11条2項前段）[158]。代理人は、5以上の会員を代理することができません（103条2項・11条5項）。代理人が議決権又は選挙権を行使する場合、代理権を証する書面を連合会に提出しなければなりません（103条2項・11条6項）[159]。

5　会員の加入

　連合会の会員たる資格を有する者が連合会に加入しようとするときは、連合会は、正当な理由がないのに、その加入を拒み、又はそ

157　これに違反した場合の罰則が定められています（136条1項3号）。

158　定款で定めるところにより、書面による議決権の行使に代えて、議決権を電磁的方法により行うことができます（103条2項・11条3項）。

159　電磁的方法により議決権を行うことが定款で定められているときは、当該書面の提出に代えて、代理権を当該電磁的方法により証明することができます（103条2項・11条6項）

の加入につき現在の会員が加入の際に付されたよりも困難な条件を付してはなりません（105条1項）。

　出資連合会に加入しようとする者は、定款で定めるところにより加入につき当該連合会の承諾を得て、引受出資口数に応ずる金額の払込みを完了した時に会員となります（同条2項）。非出資連合会に加入しようとする者は、定款で定めるところにより加入につき当該連合会の承諾を得た時に会員となります（同条3項）。

6　連合会による持分取得の禁止

　連合会は、会員の持分を取得し、又は質権の目的としてこれを受けることができません（121条2項・79条）。[160]

7　経費の賦課

　連合会は、定款で定めるところにより、会員に経費を賦課することができます。これは、連合会の運営に必要な資金を経費として会員に賦課するものです。会員は、経費の支払について、相殺をもって連合会に対抗することができません（104条）。これは、会員が相殺をもって抵抗できることとすると、連合会の運営の基本的な財源が断たれることになるからです。

8　脱退

⑴　自由脱退

　会員は、30日前までに予告することで、事業年度末において脱退することができます（106条1項）。この予告期間は、定款で延長することができますが、その期間は1年を超えることはできません（同条2項・14条2項）。

⑵　法定脱退

　会員は、①会員たる資格の喪失、②解散、③除名によっても脱退します。

　除名は、①長期間にわたって連合会の行う事業を利用しない会

160　これに違反した場合の罰則が定められています（136条1項21号）。

員、②出資の払込み、経費の支払その他連合会に対する義務を
怠った会員、③その他定款で定める事由に該当する会員につい
て、総会の特別議決によってすることができます。この場合、そ
の総会の会日の10日前までに、その会員に対しその旨を通知し、
かつ、総会において、弁明する機会を与えなければなりません[161]。
除名は、除名した会員にその旨を通知しなければ、これをもって
その会員に対抗することができません（106条2項・15条、119条
4項3号）。

(3) **出資連合会における脱退者の持分の払戻し**

　　会員は、出資連合会を脱退したときは、定款で定めるところに
より、その払込済出資額を限度として、その持分の全部又は一部
の払戻しを請求することができます（106条2項・16条）。

(4) **出資連合会における出資口数の減少**

　　出資連合会の会員は、定款で定めるところにより、その出資口
数を減少することができます（107条1項）。

五　設立

1　発起人

　　連合会を設立するには、会員になろうとする2以上の組合又は連
合会が発起人となる必要があります（108条）。

2　創立総会

　　発起人は、定款を作成し、これを会議の日時及び場所とともに公
告して、創立総会を開かなければなりません（109条1項）。この公
告は、会議開催日の少なくとも2週間前までにしなければなりませ
ん（同条4項・23条2項）。

　　発起人が作成した定款の承認、事業計画の設定その他設立に必要

---

[161]　これに違反した場合の罰則が定められています（136条1項4号）。

な事項の決定は、創立総会の議決によらなければなりません。創立総会では、会員たる資格に関する規定を除いて、定款を修正することができます（109条4項・23条3項、4項）。

　創立総会の議事は、会員たる資格を有する者でその会日までに発起人に対し設立の同意を申し出たものの半数以上が出席して、その議決権の3分の2以上で決します（109条4項・23条5項）。創立総会では、会員たる資格を有する者は、各1個の議決権及び役員の選挙権を有します（109条4項・103条1項）。

　創立総会では、役員（理事5人以上、監事2人以上）を選任します（118条1項・32条3項、114条）。発起人は、理事が選任された後、遅滞なく、その事務を理事に引き渡さなければなりません（110条・24条）。

　創立総会の議事については、議事録を作成しなければなりません（109条3項、規則4条[162]）。

3　創立総会の決議の不存在若しくは無効の確認又は取消しの訴え

　創立総会の手続や内容の法令違反や定款違反などがある場合、これらの瑕疵を争う訴えとして、決議不存在確認の訴え、決議無効確認の訴え、決議取消しの訴えが規定されています。これらの訴えについては、会社法の条文が準用されます（109条4項）。

4　出資連合会における出資の第1回の払込み

　出資連合会において、発起人から事務の引き渡しを受けた理事は、遅滞なく、出資の第1回の払込みをさせなければなりません。第1回の払込みの金額は、出資1口につき、その金額の4分の1を下回ってはならないこととされています。出資は現物出資も認められています（110条・25条）。

162　議事録を作成せず、又はこれらの書類若しくは電磁的記録に記載し、若しくは記録すべき事項を記載せず、若しくは記録せず、若しくは虚偽の記載若しくは記録をした場合の罰則が定められています（136条1項5号）。

5　成立の時期

　連合会は、主たる事務所の所在地において設立の登記をすることによって成立します（110条・26条）。連合会は、成立の日から2週間以内に、登記事項証明書及び定款を添えて、その旨並びに役員の氏名及び住所を厚生労働大臣に届け出なければなりません（110条・27条、規則82条[163]）。

6　設立の無効の訴え

　連合会が成立した場合であっても、設立手続について重大な瑕疵があった場合には、設立を無効とすべき場合があります。連合会の設立の無効は、設立無効の訴えをもって主張することができます。設立無効の訴えには、会社法の条文が準用されます（110条・28条）。

　設立無効の訴えを認容する判決が確定した場合、連合会は清算をしなければなりません（123条・94条1項・会社法475条2号）。

六　管理

1　定款及び規約

(1)　定款

ア　絶対的記載事項

　　連合会の定款には、次に掲げる事項（非出資連合会は、⑥、⑧、⑨以外）を記載し、又は記録しなければなりません（111条1項）。

　　　①事業
　　　②名称
　　　③事務所の所在地
　　　④会員たる資格に関する規定
　　　⑤会員の加入及び脱退に関する規定

163　届出をせず、又は虚偽の届出をした場合の罰則が定められています（136条1項6号）。

⑥出資一口の金額及びその払込みの方法

　　　⑦経費の分担に関する規定

　　　⑧剰余金の処分及び損失の処理に関する規定

　　　⑨準備金の額及びその積立ての方法

　　　⑩役員の定数及びその選挙又は選任に関する規定

　　　⑪事業年度

　　　⑫公告方法[164]

　イ　相対的記載事項

　　　連合会の定款には、絶対的記載事項のほか、①連合会の存続期間又は解散の事由を定めたときはその期間又はその事由、②現物出資をする者を定めたときはその者の氏名、出資の目的たる財産及びその価格並びにこれに対して与える出資口数、③連合会の成立後に譲り受けることを約した財産がある場合にはその財産、その価格及び譲渡人の氏名を記載し、又は記録しなければなりません（111条2項・29条2項）。

　　　また、①労働者協同組合法の規定により定款の定めがなければその効力を生じない事項及び②その他の事項でこの法律に違反しないものを記載し、又は記録することができます（111条2項・29条7項）。

(2)　規約

　　次に掲げる事項は、定款で定めなければならない事項を除いて、規約で定めることができます（112条）。

　　　①総会に関する規定

　　　②業務の執行及び会計に関する規定

　　　③役員に関する規定

　　　④会員に関する規定

　　　⑤その他必要な事項

164　公告方法について組合の規定が準用されます（111条2項・29条3項乃至6項）。

(3) 定款等の備置き及び閲覧

　　連合会は、組合と同様に、定款等を各事務所に備え置き、会員及び連合会の債権者の閲覧等に供さなければなりません（113条・31条）[165]。

2　役員

(1) 役員の種類、定数

　　連合会には、役員として５人以上の理事及び２人以上の監事を置かなければなりません（114条）。

　　理事は、会員たる組合又は連合会の役員（設立当時の理事は、会員になろうとする組合又は連合会の役員）でなければなりません（118条１項・32条４項）。

　　監事は、理事又は連合会の使用人との兼職ができません（118条１項・43条）[166]。

　　理事又は監事のうち、その定数の３分の１を超えるものが欠けたときは、３か月以内に補充しなければなりません（118条１項・32条６項）[167]。

(2) 選出方法

　　役員は、定款で定めるところにより、総会において選挙します。（118条１項・32条３項）。

　　役員の選挙は、無記名投票によって行われ、投票は選挙権１個につき１票です。この選挙は、出席者中に異議がないときは、指名推選の方法によることができます。また、役員は、定款で定めるところにより、総会（設立当時の役員は、創立総会）において選任することもできます（118条１項・32条７項乃至12項）。

　　監事については、その独立性を確保するため、選任議案に対する同意権、提案権、意見陳述権が認められています（118条１

165　違反した場合の罰則が定められています（136条１項３号）。
166　これに違反した場合の罰則が定められています（136条１項13号）。
167　これに違反した場合の罰則が定められています（136条１項９号）。

項・38条 3 項・会社法343条 1 項、2 項、345条 1 項[168])。

(3)　**欠格事由**

　　組合の規定が準用されます（118条 1 項・35条）。

(4)　**連合会との関係**

　　組合の規定が準用されます（118条 1 項・34条）。

(5)　**任期**

　　組合の規定が準用されます（118条 1 項・36条）。

(6)　**職務及び権限**

　ア　理事

　　理事は、法令、定款及び規約並びに総会の決議を遵守し、連合会のため忠実にその職務を行わなければなりません（115条 1 項）。その他、理事の職務及び権限については、組合の規定が準用されます（118条 1 項・38条 3 項）。

　イ　代表理事

　　理事会は、理事の中から、代表理事を選定しなければなりません（117条 1 項）。

　　代表理事の職務及び権限については、組合の規定が準用されます（118条 1 項・42条 2 項乃至 5 項）。

　ウ　監事

　　監事は、理事の職務の執行を監査し、監査報告を作成します（115条 2 項、規則 9 条）。その他、監事の職務及び権限については、組合の規定が準用されます（115条 2 項・38条 3 項）。

(7)　**役員の報酬**

　　組合の規定が準用されます（118条 1 項・38条 3 項）

168　監事が、理事に対し、監事の選任を総会の目的とすること又は監事の選任に関する議案を総会に提出することを請求したのに対し、その請求に係る事項を総会の目的とせず、又はその請求に係る議案を総会に提出しなかった場合の罰則が定められています（136条 1 項10号）。

⑻　**自己契約等**

　　組合の規定が準用されます（118条1項・44条）。

⑼　**役員の損害賠償責任**

　　組合の規定が準用されます（118条1項・45条乃至50条）。

⑽　**役員の改選請求**

　　組合の規定が準用されます（118条2項・53条、【様式7】）。

3　理事会

　　連合会には、全ての理事で組織し、連合会の業務執行を決する理事会を置かなければなりません（116条）。

　　連合会の理事会には、組合の理事会に関する規定が準用されます（118条1項・40条、41条）。

4　総会

⑴　**招集**

　　ア　通常総会

　　　　通常総会は、定款で定めるところにより、毎事業年度1回招集しなければなりません（119条1項[169]）。

　　イ　臨時総会

　　　　臨時総会は、必要があるときは、定款で定めるところにより、いつでも招集することができます（119条2項）。

　　　　組合と同様、会員は一定の要件の下、総会の招集を請求することができます（119条5項・59条2項乃至4項、60条）。

　　ウ　総会の招集手続

　　　　組合の規定が準用されます（119条5項・61条）。

⑵　**決議事項**

　　以下の事項は、総会の議決を経なければなりません（119条3項）。

169　これを怠った場合の罰則が定められています（136条1項16号）。

①定款の変更[170]

②規約の設定、変更又は廃止[171]

③毎事業年度の収支予算及び事業計画の設定又は変更

④経費の賦課及び徴収の方法

⑤連合会への加入又は連合会からの脱退

⑥その他定款で定める事項

(3) **議事**

　総会の議事は、労働者協同組合法又は定款若しくは規約に特別の定めがある場合を除いて、出席者の議決権の過半数で決し、可否同数のときは、議長の決するところによります（119条5項・64条1項。普通決議）。ただし、次に掲げる事項は、議決権の総数の半数以上に当たる議決権を有する会員が出席し、その議決権の3分の2以上の多数による議決が必要となります（119条4項。特別決議）。

　①定款の変更

　②連合会の解散又は合併

　③会員の除名

　④役員の組合に対する損害賠償責任の免除

　総会において選任される議長は、組合員として総会の議決に加わる権利を有しません（119条5項・64条2項、3項）。

170　定款を変更したときは、その変更の日から2週間以内に、変更に係る事項を厚生労働大臣に届け出なければなりません（119条5項・63条3項）。届出をせず、又は虚偽の届出をした場合の罰則が定められています（136条1項6号）。

171　規約の変更のうち軽微な事項、関係法令の改正（条項の移動等当該法令に規定する内容の実質的な変更を伴わないものに限ります。）に伴う規定の整理については、定款で総会の議決を経ることを要しないものとすることができます。この場合、総会の議決を経ることを要しない事項の範囲及び当該変更の内容の組合員に対する通知、公告その他の周知の方法を定款で定めなければなりません（119条5項・63条2項、規則66条）

総会においては、定款に別段の定めがある場合、総会を招集の手続を経ることなく開催した場合を除いて、招集の手続において会議の目的として示された事項についてのみ議決することができます（119条5項・64条4項）。

(4)　**理事及び監事の説明義務**

　　組合の規定が準用されます（119条5項・67条）。

(5)　**議事録**

　　組合の規定が準用されます（119条5項・69条）。

(6)　**総会の決議の不存在若しくは無効の確認又は取消しの訴え**

　　組合の規定が準用されます（119条5項・70条）。

5　**決算関係書類等の監査等**

(1)　**決算関係書類等**

　　組合の規定が準用されます（118条1項、2項・51条）。

(2)　**会計帳簿等**

　　組合の規定が準用されます（118条2項・52条）。

6　**出資一口の金額の減少**

　　組合の規定が準用されます（120条・72条乃至74条）。

7　**計算**

　　組合の規定が準用されます（121条）。

　　連合会において、剰余金の配当は、損失を補填し、準備金（121条2項・76条1項）を控除した後でなければすることができません。剰余金の配当は、連合会の事業の利用分量の割合に応じて行われます（121条2項・77条[172]）。

172　これらに違反した場合の罰則が定められています（136条1項20号）

七 解散、清算、合併

1 解散

(1) 解散の事由

連合会は、次に掲げる事由によって解散するほか、会員が1となり、そのなった日から引き続き6か月間その会員が2以上とならなかった場合においても、その6か月を経過した時に解散します（122条1項、2項）。

①総会の決議

②連合会の合併（合併により当該連合会が消滅する場合）

③連合会についての破産手続開始の決定

④定款で定める存続期間の満了又は解散事由の発生

⑤厚生労働大臣による解散命令

⑥会員がいなくなったこと

連合会は、上記②、③、⑤以外の事由により解散したときは、解散の日から2週間以内に、その旨を厚生労働大臣に届け出なければなりません（同条3項、規則83条[173]）。

(2) 休眠連合会

組合の規定が準用されます（123条・81条）。

(3) 連合会の継続

組合の規定が準用されます（123条・82条）。

2 清算、合併

組合の規定が準用されます（123条・83条乃至94条）。

---

[173] 届出をせず、又は虚偽の届出をした場合の罰則が定められています（136条1項6号）。

第5　行政庁による監督[174]

一　決算関係書類等の提出

　組合及び連合会は、毎事業年度、通常総会の終了の日から２週間以内に、貸借対照表、損益計算書、剰余金の処分又は損失の処理の方法を記載した書面及び事業報告書並びにこれらの附属明細書を行政庁に提出しなければなりません（124条、規則84条、【様式21】[175]）。

様式第21（規則第84条関係）

年　　月　　日

・・・・・都道府県知事殿

　　　　　　組合の住所及び名称
　　　　　　組合を代表する理事の氏名

　　　　労働者協同組合決算関係書類提出書

　労働者協同組合法第124条第１項の規定により別紙の労働者協同組合の決算関係書類を提出します。

※この用紙は、Ａ列４番とします。

※必要があるときは、所要の変更又は調整を加えることができます。

※本書に、①事業報告書、②貸借対照表、③損益計算書、④剰余金の処分又は損失の処理の方法を記載した書面、⑤附属明細書、⑥前記①～⑤の書類を提出した通常総会又は通常総代会の議事録又はその謄本を添えて提出しなければなりません（規則84条１項）。

174　組合については主たる事務所の所在地を管轄する都道府県知事、連合会については厚生労働大臣（132条）

175　これに違反して書面を提出せず、又は虚偽の書面を提出した場合の罰則が定められています（136条１項30号）。

組合又は連合会は、やむを得ない理由により前記期間内に前記書類の提出をすることができない場合には、あらかじめ行政庁の承認を受けて、当該提出を延期することができます（規則84条2項、【様式23】）。

様式第23（規則第84条関係）

年　　月　　日

　・・・・・都道府県知事殿

　　　　　　　　　　　組合の住所及び名称
　　　　　　　　　　　組合を代表する理事の氏名

　労働者協同組合決算関係書類の提出遅延に係る事前承認申請書
　労働者協同組合法施行規則第84条第3項の規定による承認を受けたいので、別紙の理由書を添えて申請します。

※この用紙は、A列4番とします。
※必要があるときは、所要の変更又は調整を加えることができます。

二　行政庁による報告の徴収、検査等

　行政庁は、組合又は連合会から、法令、法令に基づいてする行政庁の処分、定款又は規約を守っているかどうかを知るために必要な報告を徴することができます（125条）[176]。また、組合若しくは連合会の業務若しくは会計が法令、法令に基づいてする行政庁の処分、定款若しくは規約に違反する疑いがあり、又はその運営が著しく不当である疑いがあると認めるときは、当該組合又は連合会の業務又は会計の状況を

176　報告をせず、又は虚偽の報告をした場合の罰則が定められています（133条2号）。

検査することができます（126条[177]）。

三　法令等の違反に対する処分

　行政庁は、前記の報告を徴し、又は検査をした場合において、組合若しくは連合会の業務若しくは会計が法令、法令に基づいてする行政庁の処分、定款若しくは規約に違反し、又はその運営が著しく不当であると認めるときは、当該組合又は連合会に対して、期間を定めて必要な措置をとるべき旨を命ずることができます。組合又は連合会がこの命令に従わないときは、行政庁は、期間を定めて、業務の全部若しくは一部の停止又は役員の改選を命ずることができます（127条1項、2項[178]）。

　また、行政庁は、組合若しくは連合会が前記の命令に違反したとき又は組合若しくは連合会が正当な理由がないのにその成立の日から1年以内に事業を開始せず、若しくは引き続き1年以上その事業を停止していると認めるときは、当該組合又は連合会に対し、解散を命ずることができます。行政庁は、組合若しくは連合会の代表権を有する者が欠けているとき又はその所在が知れないときは、解散命令の通知に代えてその要旨を官報に掲載することができます。この場合、解散命令は、官報に掲載した日から20日を経過した日に効力を生じます（同条3項乃至5項）。

第6　組織変更

　労働者協同組合法が施行された際に現に存在する企業組合又は特定

177　検査を拒み、妨げ、又は忌避した場合の罰則が定められています（133条3号）。

178　これらの命令に違反した場合の罰則が定められています（133条4号）。

非営利活動法人は、施行日（2022年10月１日）から起算して３年以内に、その組織を変更して労働者協同組合になることができます（附則４条）。

　労働者協同組合法が施行される前から、企業組合や特定非営利活動法人といった法人格を利用して、協同労働という働き方を実践し、介護、障害福祉、子育て支援、地域づくりなどの幅広い分野で活動をしている団体が存在していました。これらの法人格からの組織変更規定を整備しなければ、これらの団体は、一旦解散をし、清算した上で労働者協同組合を新設する必要があり、従前締結されていた契約の扱いや保有する財産の処分など、事業の継続に重大な影響が及ぶことが想定されます。そのような観点から、現に活動する企業組合や特定非営利活動法人が労働者協同組合に円滑に組織変更を行うための制度が設けられました。[179]

　現に企業組合・特定非営利活動法人として活動する者で労働者協同組合への組織変更を希望する者は、内部の協議や事務的な準備が整い次第組織変更することが想定されること、また、労働者協同組合法施行後に労働者協同組合として活動したい者は最初から労働者協同組合を選択することができることから、暫定的な措置として整備され、恒久的な制度とはされませんでした。[180]

一　企業組合からの組織変更

Ｉ　組織変更計画の承認等

　企業組合が、組合への組織変更をするには、組織変更計画を作成して、総会の議決（総組合員の半数以上が出席し、その議決権の３分の２以上の多数による必要があります。）により、その承認を受けな

179　「第203回国会衆議院厚生労働委員会第６号」（令和２年11月20日）足立康史答弁
180　「時の法令 No. 2122」（商事法務）39頁

ければなりません（附則5条1項、2項、中小企業等協同組合法53条）[181]。

この総会の招集は、会日の2週間（これを下回る期間を定款で定めた場合は、その期間）前までに、会議の目的である事項、組織変更計画の要領及び組織変更後の労働者協同組合の定款を示し、定款で定めた方法に従ってしなければなりません（同条3項、中小企業等協同組合法49条1項）。

企業組合の組織変更計画には、次に掲げる事項を定めなければなりません（附則5条4項）。

①組織変更後組合の事業、名称及び事務所の所在地

②組織変更後組合の定款で定める事項

③組織変更後組合の理事の氏名

④組織変更後組合の監事の氏名（組織変更後組合が監査会設置組合である場合は、その旨）

⑤組織変更をする企業組合の組合員が組織変更に際して取得する組織変更後組合の出資の口数又はその口数の算定方法

⑥組織変更をする企業組合の組合員に対する出資の割当てに関する事項

⑦組織変更の効力発生日

⑧その他、厚生労働省令で定める事項

2　債権者保護手続

企業組合が、組織変更の議決を行ったときは、議決の日から2週間以内に、議決の内容と貸借対照表を公告しなければなりません（附則6条1項）。また、①組織変更をする旨、②債権者が一定の期間内（1か月を下ることができません。）に異議を述べることができる旨を官報に公告し、かつ、知れている債権者に各別にこれを催告

---

[181]　これに違反して組織変更の手続をした場合の罰則が定められています（附則29条1号）。

しなければなりません（同条３項）[182, 183]。

　債権者は、当該企業組合に対して、組織変更について異議を述べることができますが（同条２項）、前記期間内に異議を述べなかったときは、組織変更について承認をしたものとみなされます（同条５項）。他方、債権者がこの期間内に異議を述べたときは、組織変更をする企業組合は、当該組織変更をしても当該債権者を害するおそれがないときを除き、当該債権者に対し、弁済し、若しくは相当の担保を提供し、又は当該債権者に弁済を受けさせることを目的として信託会社等に相当の財産を信託しなければならなりません（同条６項）[184]。

3　組織変更に反対する組合員の持分払戻請求権

　組織変更をする企業組合の組合員で、組織変更計画を承認する総会（附則５条１項）に先立ち、当該企業組合に対して、書面で組織変更に反対の意思を通知したものは、組織変更の議決の日から20日以内に書面をもって持分の払戻しを請求することによって、組織変更の効力発生日に当該企業組合を脱退することができます（附則７条１項）。この場合、組合員は、定款の定めにかかわらず、持分の全部の払戻しを請求することができます（同条２項）。

4　組合員への出資の割当て

　組織変更をする企業組合の組合員は、組織変更計画の定めるところにより、組織変更後組合の出資の割当てを受けます。この出資の割当ては、組織変更をする企業組合の組合員の出資口数に応じてしなければなりません（附則８条）。

182　この公告を、官報のほか、定款の定めに従って、日刊新聞紙に掲載する方法又は電子公告によってするときは、各別の催告は不要です（附則６条４項）。

183　公告、催告することを怠り、又は不正の公告、催告をした場合の罰則が定められています（附則29条２号）。

184　これに違反して組織変更をした場合の罰則が定められています（附則29条３号）。

5 質権の効力等

　企業組合は、組織変更の手続を行ったときは、当該決議の日から2週間以内に、その旨を当該企業組合の持分を目的とする質権を有する者で知れているものに各別に通知しなければなりません（附則10条2項）[185]。

　労働者協同組合の持分には質権を設定することができません。そこで、企業組合の持分を目的とする質権は、組織変更に反対する組合員の持分払戻請求に係る払戻しによって組合員が受けることのできる金銭について存在することとされています（同条1項）。また、企業組合の持分を目的とする質権の質権者を保護するため、組合員が組織変更に賛成した場合であっても、当該組織変更の議決の日から20日以内に質権を抹消しない限り、持分払戻請求をしたものとみなされることとされています（同条3項）。

6 組織変更の効力発生等

　組織変更をする企業組合は、組織変更の効力発生日に、労働者協同組合となります。この企業組合の組合員は、組織変更の効力発生日に、組織変更計画に定められた組織変更をする企業組合の組合員に対する出資の割当てに関する事項についての定めに従って、組織変更後組合の組合員となります（附則11条1項、2項）[186]。

　企業組合が、組織変更をしたときは、遅滞なく、その旨を行政庁に届け出なければなりません（附則12条1項）[187]。また、成立の日から2週間以内に、登記事項証明書及び定款を添えて、その旨並びに役員の氏名及び住所を都道府県知事に届け出なければなりません（同

185　通知することを怠り、又は不正の通知をした場合の罰則が定められています（附則29条2号）。

186　ただし、法人は組合員となることができません（6条）。

187　その行う事業の全てが財務大臣の所管に属する事業である場合は財務大臣、財務大臣の所管に属する事業とその他の事業とを行う場合は財務大臣及びその管轄都道府県知事、その他の場合は、その管轄都道府県知事（中小企業等協同組合法111条1項5号）。

条2項・27条[188]）。

7 組織変更事項を記載した書面の備置き等

　組織変更後組合は、企業組合の組織変更の議決の公告等の手続（附則6条）の経過、組織変更の効力発生日その他の組織変更に関する事項を記載し、又は記録した書面又は電磁的記録を、組織変更の効力発生日から6か月間、主たる事務所に備え置かなければなりません（附則13条1項）。

　組織変更後組合の組合員及び債権者は、組織変更後組合に対して、その業務取扱時間内は、いつでも、①前記書面の閲覧の請求、②前記書面の謄本又は抄本の交付の請求、③前記電磁的記録に記録された事項を表示したものの閲覧の請求、④前記電磁的記録に記録された事項を電磁的方法であって組織変更後組合の定めるものにより提供することの請求又はその事項を記載した書面の交付の請求をすることができます。ただし、②又は④の請求をするには、組織変更後組合の定めた費用を支払わなければなりません（同条2項、規則附則4条[189]）。

8 組織変更の無効の訴え

　組織変更手続に重大な瑕疵があった場合には、組織変更の無効を、組織変更の無効の訴えをもって主張することができます（附則14条・会社法828条1項6号）。

9 組織変更の登記

　企業組合が組織変更をしたときは、効力発生日から2週間以内に、その主たる事務所の所在地において、組織変更前の企業組合については解散の登記を、組織変更後の組合については設立の登記をしなければなりません（附則15条1項、施行令附則3条1項[190]）。登記

188　届出をせず、又は虚偽の届出をした場合の罰則が定められています（附則29条4号）。

189　これらに違反した場合の罰則が定められています（附則29条5号）。

190　登記をすることを怠った場合の罰則が定められています（附則29条6号）。

が必要な事項は、登記の後でなければ、第三者に対抗することができません（附則15条2項）。

二　特定非営利活動法人からの組織変更

　特定非営利活動法人からの組織変更に当たっては、特定非営利活動法人から組織変更した組合が保有する特定非営利活動法人時代からの財産について、特定非営利活動法人と同様に構成員に対する処分制限を及ぼす必要があります。一方で、組織変更後の組合が従前と同じ事業その他特定非営利活動に該当する事業を行っている場合の財産使用への配慮も必要です。そこで、特定非営利活動法人から組織変更した組合については、社員総会での特別多数による議決など企業組合からの組織変更と同様の規定に加えて、財産分配の規制、特定非営利活動法人時代から保有する財産の特定非営利活動に該当する事業への使用についての規定が設けられています[191]。

1　特定非営利活動法人の組織変更計画の承認等

　特定非営利活動法人が組織変更をするには、組織変更計画を作成して、社員総会の議決（総社員の4分の3以上の賛成が必要です。）により、その承認を受けなければなりません（附則16条1項、2項、特定非営利活動促進法31条の2）[192]。

　この社員総会の招集の通知は、その社員総会の日より少なくとも2週間前に、その社員総会の目的である事項、組織変更計画の要領及び組織変更後の労働者協同組合の定款を示し、定款で定めた方法に従ってしなければなりません（同条3項、特定非営利活動促進法14条の4）。

....

191　「第203国会参議院厚生労働委員会第7号」（令和2年12月3日）桝屋敬悟答弁
192　これに違反して組織変更の手続をした場合の罰則が定められています（附則29条1号）。

特定非営利活動法人の組織変更計画には、次に掲げる事項を定めなければなりません（附則16条４項・附則５条４項）。

　　①組織変更後組合の事業、名称及び事務所の所在地

　　②組織変更後組合の定款で定める事項

　　③組織変更後組合の理事の氏名

　　④組織変更後組合の監事の氏名（組織変更後組合が監査会設置組合である場合は、その旨）

　　⑤組織変更の効力発生日

　　⑥その他、厚生労働省令で定める事項

2　組織変更に際しての出資の第１回の払込み

　企業組合と異なり、特定非営利活動法人に対する出資は認められていません。そのため、組合員による出資を基本原理の一つとする労働者協同組合に組織変更するに当たり、新たに組合員になる者に対し、労働者協同組合の新設時と同様に出資を行わせる必要があります[193]。そのため、理事は、社員総会において組織変更計画が承認されたときは、遅滞なく、出資の第１回の払込みをさせなければならないとされています（附則17条１項）。この払込みの金額は、出資一口につき、その金額の４分の１を下ってはなりません。出資は、現物出資も認められています（同条２項・25条２項、３項）。

3　組織変更時財産額の定款への記載等

　組織変更後組合の定款には、①組合の定款における絶対的記載事項（29条１項）のほか、②組織変更時財産額（組織変更の効力発生日に解散するものとした場合において特定非営利活動促進法32条によれば国若しくは地方公共団体に譲渡され、又は同法11条３項各号に掲げる者若しくは国庫に帰属すべきものとされる残余財産の額に相当するものとして規則附則５条、６条で定めるところにより算定した額）、③特定残余財産（組織変更後組合が解散した場合における残余財産のうち、組織

193　「特の法令 No, 2122」（商事法務）40頁

変更時財産残額（組織変更時財産額から、附則20条1項の都道府県知事の確認を受けた事業に係る損失の塡補に充てた額の合計額を控除して得た額）に相当する額の財産（この額が残余財産の額を上回っているときは、残余財産）の処分に関する事項を記載し、又は記録しなければなりません（附則18条1項）。

前記③に特定残余財産の帰属すべき者に関する規定を設ける場合、その者は、特定非営利活動法人その他特定非営利活動促進法11条3項各号に掲げる者のうちから選定されるようにしなければなりません（附則18条2項）。

4　債権者保護手続

企業組合の場合と同様です（附則19条・附則6条）。

5　組織変更の効力発生等

組織変更をする特定非営利活動法人は、組織変更の効力発生日に、労働者協同組合となります。この特定非営利活動法人の組合員は、組織変更の効力発生日に、組織変更後組合の組合員となります（附則19条・附則11条1項、2項[194]）。

特定非営利活動法人が、組織変更をしたときは、遅滞なく、その旨を所轄庁[195]に届け出なければなりません（附則19条・附則12条）。また、成立の日から2週間以内に、登記事項証明書及び定款を添えて、その旨並びに役員の氏名及び住所を都道府県知事に届け出なければなりません（附則19条・附則12条2項・27条[196]）。

6　組織変更事項を記載した書面の備置き等

企業組合の場合と同様です（附則19条・附則13条）。

194　ただし、法人は組合員となることができません（6条）。

195　主たる事務所が所在する都道府県の知事。その事務所が政令指定都市の区域内のみに所在する特定非営利活動法人の場合、当該政令指定都市の長（特定非営利活動促進法9条）。

196　届出をせず、又は虚偽の届出をした場合の罰則が定められています（附則29条4号）。

7 組織変更の無効の訴え

　組織変更手続に重大な瑕疵があった場合には、組織変更の無効を、組織変更の無効の訴えをもって主張することができます（附則19条・附則14条・会社法828条1項6号）。

8 組織変更の登記

　特定非営利活動法人が組織変更をしたときは、効力発生日から2週間以内に、その主たる事務所の所在地において、組織変更前の特定非営利活動法人については解散の登記を、組織変更後の組合については設立の登記をしなければなりません（附則19条・附則15条、施行令附則4条・同3条1項、規則附則7条、【様式25】[197]）。登記が必要な事項は、登記の後でなければ、第三者に対抗することができません（附則19条・附則15条）。

様式第25（規則附則第7条関係）

年　　月　　日

・・・・・都道府県知事殿

組合の住所及び名称
組合を代表する理事の氏名

　　　労働者協同組合の組織変更時財産額の確定関係書類提出書

　労働者協同組合法施行規則附則第7条の規定により別紙の組織変更時財産額の確定関係書類を提出します。

※この用紙は、A列4番とします。
※必要があるときは、所要の変更又は調整を加えることができます。
※組織変更の登記をした日から起算して3か月以内に、本書に、①附則5条に規定する組織変更時財産額及びその計算を記載した書類、②算定日における貸借対照表の純資産の部に計上すべき額を記載した書類、③各時価評価資産の算定日における帳簿価額並びに時価及びその算定方法を記載した書類、④算定日における附

197　登記をすることを怠った場合の罰則が定められています（附則29条6号）。

則5条3号に規定するものの明細を記載した書類、⑤算定日における財産目録及び貸借対照表、⑥算定日の属する事業年度の活動計算書、⑦時価評価資産の算定日における時価の算定の根拠を明らかにする書類、⑧前記①～⑦のほか、都道府県知事が必要と認める書類を添えて都道府県知事に提出しなければなりません（規則附則7条）。

9　都道府県知事の確認

　組織変更計画について社員総会の承認を受けた特定非営利活動法人、組織変更後組合は、組織変更後組合の行う事業が特定非営利活動（特定非営利活動促進法2条1項）に係る事業に該当することにつき、都道府県知事の確認を受けることができます（附則20条1項、規則附則8条、【様式26】[198]）。

様式第26（規則附則第8条関係）

年　月　日

・・・・・都道府県知事殿

　　　　　　　　　　組合の住所及び名称
　　　　　　　　　　組合を代表する理事の氏名

特定非営利活動に係る事業確認申請書

　労働者協同組合法附則第20条第1項（同条第4項において準用する場合を含む。）の規定により特定非営利活動に係る事業に該当することにつき、確認を受けたいので、関係書類を添えて申請します。

※この用紙は、A列4番とします。
※必要があるときは、所要の変更又は調整を加えることができます。
※本書に、①附則16条1項の承認を受けた特定非営利活動法人の定款、②附則第16

198　確認の内容は、特定非営利活動法人時代と同じ事業を行う場合は、その定款に記載された事業と組合の定款に記載された事業が同一であるか、また、新たな事業を行う場合には、その事業が特定非営利活動に該当するか、といったものになると想定されます（「特の法令 No, 2122」（商事法務）42頁）。

10　余剰金処分の特例

剰余金のうち組織変更時財産額に係るものは、都道府県知事の確認に係る事業による損失（確認に係る事業以外の事業による利益がある場合で、当該損失の額が当該利益の額を超えるときは、その差額に相当する部分の損失）の塡補に充てる場合のほか、使用してはなりません（附則21条）。

11　区分経理

都道府県知事の確認に係る事業以外の事業に関する会計は、確認に係る事業に関する会計から区分して、特別の会計として経理しなければなりません（附則22条）。

12　組織変更時財産額の使用状況の報告

都道府県知事の確認を受けた組織変更後組合は、毎事業年度終了後、都道府県知事に対して組織変更時財産額に係る使用の状況を報告しなければなりません（附則23条、規則附則9条、【様式27】）。[199]

前記確認を受けた組織変更後組合は、やむを得ない理由によって前記期間内に前記書類の提出をすることができない場合には、あらかじめ都道府県知事の承認を受けて、当該提出を延期することができます（規則附則9条2項、【様式28】）。

13　特定残余財産の帰属

解散した組織変更後組合の特定残余財産は、合併及び破産手続開始の決定による解散の場合を除いて、都道府県知事に対する清算結了の届出の時において、定款で定めるところによって、その帰属すべき者に帰属します。定款に特定残余財産の帰属すべき者に関する

---

[199]　報告をせず、又は虚偽の報告をした場合の罰則が定められています（附則29条4号）。

様式第27（規則附則第9条関係）

年　月　日

・・・・・都道府県知事殿

組合の住所及び名称
組合を代表する理事の氏名

定期報告書

　労働者協同組合法附則第23条の規定に基づき、次のとおり報告します。

※この用紙は、Ａ列４番とします。
※必要があるときは、所要の変更又は調整を加えることができます。
※本書に、①組織変更時財産額、②前事業年度までに、組織変更時財産額から附則20条１項の確認（以下「確認」といいます。）に係る事業による損失の填補に充てた額の合計額、③前事業年度の末日の組織変更時財産残額、④当該事業年度に、組織変更時財産額から確認に係る事業による損失の填補に充てた額、⑤当該事業年度の末日の組織変更時財産残額、⑥その他参考となるべき事項を記載した書面を添えて提出しなければなりません（規則附則９条１項）。

様式第28（規則附則第9条関係）

年　月　日

・・・・・都道府県知事殿

組合の住所及び名称
組合を代表する理事の氏名

定期報告書の提出遅延に係る事前承認申請書

　労働者協同組合法施行規則附則第９条第２項の規定による承認を受けたいので、別紙の理由書を添えて申請します。

※この用紙は、Ａ列４番とします。
※必要があるときは、所要の変更又は調整を加えることができます。

規定がないときは、清算人は、都道府県知事の確認を得て、その財産を国又は地方公共団体に譲渡することがです。これらによって処分されない財産は、国庫に帰属します（附則24条）。

14　組織変更後組合の解散及び清算

特定非営利活動促進法の規定が準用されます（附則25条）。

15　運営上の留意

特定非営利活動法人時代の財産が特定非営利活動法人と同じ趣旨で使用されるべきものであることを明確にする観点から、関係規定の運用に当たっては、特定非営利活動促進法の精神にのっとり、組織変更後組合による組織変更時財産に係る使用が公益の増進に寄与するよう留意しなければならない旨の留意規定が設けられています（附則27条）[200]。

以上

200　「時の法令 No.2122」（商事法務）42頁

第3章

「協同労働」活動事例

本章では、ワーカーズコープ連合会、ワーカーズ・コレクティブ
ネットワークジャパン、それらの加盟団体や連携を行っている団体の
方々のインタビュー及び活動事例を紹介します。

1. ワーカーズコープ連合会及びその関連団体

(1)　ワーカーズコープ連合会

インタビューご協力者：ワーカーズコープ連合会
　　　　　　　　　　　（https://jwcu.coop/）
　　　　　　　　　　　専務理事　田嶋康利氏

----労働者協同組合法（以下、「労協法」）が施行され、「協同労
　働」という働き方が広がることが期待されていますが、「協
　同労働」を実現するためには、どのようなことが必要でしょ
　うか。
　現在の日本社会では、多くの企業が新卒を一括採用しているた
め、雇用されて働く多くの人々は、就職、あるいは就社という意
識をもっています。そのため、ワーカーズコープに入職される
方々であっても、当初は雇われるという意識を持っている人は少
なくありません。「協同労働」という働き方そのものが社会的に
理解されていないというのが現状です。働く人が出資して組合員
となり、生活と地域に必要とされる仕事を協同でおこし、一人一
票の議決権を行使して共に働くことができる働き方—「協同労
働」を実現していくためには、組織で決められた仕事に携わるだ
けでは実感は生まれません。「協同労働」を実現していくために
は、地域の願いや課題などに応えるために、職場での話し合いを
深め主体的に「よい仕事」を起こすことを実感できるプロセスが

重要だと思っています。

——「協同労働」は働く人たちにどのようなものをもたらすと感じますか。

　"社会の公器"だという意識を持っている企業は少ないのではないかと感じます。企業は、働いている人たちに対して、自分の持っている能力を最大限活かすことを求めています。しかし、実際は、持っている能力のうち、企業にとって最大利潤の獲得のために利用可能な一部の能力を活かした仕事をすることを求めています。働く人たちが本来もつ潜在的な力を発揮するためには、多様な活躍の場をもつことが大切です。ボランティア活動をすれば、企業で発揮できていた能力とは別の能力を活かせるかもしれません。地域や社会のなかで発揮できる他の能力があっても、企業で働くということだけに閉じてしまう人々は、そのような能力を活かすことには、経済的な価値がないと思い込んでしまいます。そのような考え方を変化させていくことが必要ではないでしょうか。社会のために貢献する、という思いを持つ前に、一生活者、一市民として自分がどのような存在なのか、どれだけ地域や社会にコミットできるか、と考えられることがとても大切です。

——労働者協同組合法施行や協同組合での働き方に関する、メリットやデメリットについて、お考えをお聞かせください。

　労働者協同組合法施行のメリットとしては、協同労働という働き方が社会に認知されたというのが大きいと思います。今まで活動を行ってきたワーカーズの人たちが、自分たちが掲げてきた理念や原則、働き方が社会の制度として認められたといえます。加えて、労働者協同組合（以下、「協同組合」）を立ち上げやすくなったことによって、生きづらさや、働きづらさを感じている

人、また障がいや困難にある人と共に働きたいと思う人たち、子育てや介護など地域福祉や環境・自然・第一次産業など含め、地域づくりを仕事にしたいと思う人たちが協同組合で活動をする機会が増えると感じます。

　一方で、協同労働という働き方は、通常の企業に比べると、意思決定に時間がかかってしまいます。一人一票の議決権をもっていますので、一人ひとりの意見を大切に全員の意見をまとめるには、非常に時間がかかります。儲けることを第一義にするには適していない働き方だと思いますので、それを望むのであれば、株式会社などの営利企業の方が良いのではないでしょうか。介護や子育て、社会的困難にある人の就労創出、環境保全や食や農など地域で課題となっている活動を中心に、現在私たちは事業活動を行っていますが、労働者協同組合法（以下、労協法）の施行により多様な職種・業種に広がる可能性があると考えています。Web 製作やデザインなどの編集・印刷関連、都市と農を結ぶマルシェや居場所づくり、集落営農や地域運営組織づくり、歯科医や薬局などの医療関連等での労協法の活用の相談が来ています。労協法では、組合員は労働契約を締結することで労働法が適用され、労働者保護が担保されていますが、「働きがいある人間らしい仕事」（ディーセントワーク）を確立していくためには、地域に必要とされる「よい仕事」を起こし続けていくことが必要です。

　――今後、協同組合を増やしてためにはどのようなことが必要でしょうか。

　今後、協同組合を増やしていくためには、啓発活動も必要です。厚生労働省での周知・広報に関する取組み（リーフレットやホームページ、全国７ブロックでのフォーラムの開催）が６月より開始され、ワーカーズコープ連合会では、都道府県などに働きかける中で20超の都道府県での基礎自治体対象、市民対象の学習会

が開催されています（2022年8月時点）。労協法の施行にあたっては、自治体や既存の協同組合、地域のNPO団体などと連携しながら、自分のくらしのニーズを起こし、地域の人たちとの仕事をおこしやすい環境づくりが求められます。すでに、ワーカーズコープ連合会では、各県に協同労働を推進するネットワークを立ち上げており、生協や農協などの協同組合、労働者福祉協議会、NPOや研究者、そして協同労働を求める人や団体も参加して、ゆるやかなネットワークをつくっています。

　海外では、経営破綻した企業から協同組合に転換を行うための法律（ワーカーズバイアウトの法制度）が整備されている国もあります。国によっては、転換時に公的な補助を行う、あるいは、倒産した会社が事業再生のために協同組合に転換できるところもあります。今後、日本でも中小企業が倒産・廃業した場合に協同組合に転換することができるという道を作っていくのであれば、法整備に加えて、新しく協同組合を立ち上げるための金融機関からの支援も必要になってきます。一部の金融機関とはそのような意見交換をしたことがありますが、成功事例ができれば、今後広がっていく可能性は十分あるのではないでしょうか。

――協同組合での働き方に対する今後の期待についてご意見をお聞かせください。

　前述したように、雇われているのが当たり前だと感じている人が多く、主体的に働くことができるという意識を持っている人はまだ少ないのではないかと思います。労協法の施行を契機に、地域社会や企業の中で、「協同労働」という働き方を採り入れたり、労協法を活用して協同組合を立ち上げる取組みが増えることで、主体的に働く人が増えることを期待しています。

　若者たちのなかには、規範を押し付けられて、企業や社会のなかに逃げられる場所がなく、生きづらさを感じている人もいま

す。しかし、若い人たちの中には、働く仲間を募って、地域のため、社会のために仕事をしていきたいという気持ちをもつ人たちが確実に増えているように思います。民間企業での労働が合わないと思ったら、協同労働という働き方を選択して、協同組合を立ち上げて共に働くことができるのではないかと思います。持続可能な社会づくりのためには、市場経済を牽引するだけではない組織のあり方が求められているのではないでしょうか。

専務理事　田嶋康利氏

(2)　一般社団法人協同総合研究所

インタビューご協力者：一般社団法人協同総合研究所
　　　　　　　　　　（https://jicr.roukyou.gr.jp/）
　　　　　　　　　事務局長・理事　相良孝雄氏

　──労働者協同組合法が施行されることによるメリット、デメリットはなんですか。

　ワーカーズコープ連合会とワーカーズ・コレクティブネットワークジャパンが協力し、協同組合団体等からも多くの賛同をいただき、労働者協同組合の制定を推進してきました。現在、協同労働で働いている人たちは、日本のなかで約10万人いるといわれています。協同労働は、日本の労働者協同組合のよい仕事の実践から生まれた働き方として発展してきました。労働者協同組合法が施行されて、協同労働や労働者協同組合の社会的な認知が広がることがメリットだと考えます。話し合いをすることを大切にしているので、多様な意見が出されます。その意味で、決定には時

間がかかることが多いため、合理的・効率的に結果を求める人にとってはデメリットに捉えられます。しかし見方によっては、結果に至るプロセスを重視し共創する点で、一人ひとりが納得して働くことを大切にしているので、メリットにもなると考えています。

——協同労働を推進する場合、どのようなネットワークや支援がありますか。

　ワーカーズコープ連合会の一会員で、労協センター事業団という団体があります。この団体は、労働者協同組合のモデルをつくり、全国の労働者協同組合運動を牽引する組織として、人財・財政基盤への寄与・各地の労働者協同組合を支援する役割を担っています。センター事業団以外にも、都道府県・各自治体単位で労働者協同組合の団体があります。これらの団体が連携しワーカーズコープ連合会をつくっています。ワーカーズコープ連合会は労働者協同組合の団体間の交流・制度政策提案、協同労働に関心を寄せる方々とともに各地域で協同労働推進ネットワークを作っており、ワーカーズコープの設立・運営相談が200件以上、寄せられています。広島市では市の事業として協同労働促進事業が行われ、7年間で28の協同労働団体が生まれ、325人が協同労働の構成員になっていますが、この事業のコーディネート業務をセンター事業団が担っています。現在、10月の法施行に向けて、国・都道府県・自治体で労働者協同組合法の周知・広報・相談事業等が予算化されるなかで、ワーカーズコープがその事業を受託し、協同労働や労働者協同組合の普及・認知を広げています。

——協同労働を推進していく上で、協同総合研究所では、どのような情報を提供されているのでしょうか。

　一般社団法人協同総合研究所では、月刊誌「協同の發見」で協

同労働に関心を寄せる研究者や実践者の報告を掲載しています。また「協同ではたらくガイドブック入門編・実践編」を制作し、協同労働で働く団体の活動事例、労働者協同組合を設立する上で必要な情報などをわかりやすく紹介しています。

——協同労働の働き方が広がるとき、どのような地域課題に関わる活動が増えると思われますか。

　福祉活動です。現在のワーカーズコープ連合会に加盟する労働者協同組合の事業でも、児童・高齢者・障がい者・困窮者等の福祉事業が多いことから協同労働と福祉は親和性が高いと考えています。それ以外で多く寄せられているものとして、農や食に関わる活動です。また、今までのワーカーズコープの事業では行っていない「歯科医院」「公衆浴場」「劇団」の運営の相談も寄せられています。協同労働の働き方が知られることで、多様な背景や経験を持った方々が、多様な活動や事業を地域ではじめるきっかけになることを期待しています。

——違う法人格で運営されていた団体が労働者協同組合法人に移行するケースについてどのようにお考えでしょうか。

　既存の法人格でいえば、主にはNPO法人があります。代表者が全責任を持つのではなく、働く一人ひとりが出資し、一人一票で運営に対する責任や役割も分かち合い、主体的に働きながら協同や自治を大切にする意味で、労協法人に移行する可能性はあります。しかしNPO法人は現在、地域づくりをする主要な法人格の１つなので、労協法人ができたことは地域づくりをする１つの法人格が増えたと捉えていただければと思います。

——協同労働という働き方に対する今後の期待をお聞かせください。

「よい仕事とはなにか」と多くの人に尋ねたときの返答として、やりがいのある仕事や人との関係性をあげる意見が多く出ます。「多文化共生」という言葉がありますが、持続可能な地域や社会をつくる際に、「共に生き、共に働く」ことを望んでいる方の多さを感じます。人間関係が理由で職場を辞めたり、働くことを苦しいと感じられる方が多くいるなかで、協同労働が人間らしく働く・生きることの1つの希望の光になればいいですね。

　私はワーカーズコープで働きながら在住の三鷹市でまちづくり研究員もしています。労働者性と市民性を融合させ、三鷹で協同労働がどのような可能性を持つのかを探究しています。「労働」と「暮らし」と「学び」をつなげ、社会を変える事実をつくりたいですね。

事務局長・理事　相良孝雄氏

団体の概要

　労働者協同組合（ワーカーズコープ）連合会が母体となり、1991年3月23日に設立されました。会員は約500名で、内訳は研究者と実践者が約半数ずつです。主な活動は①研究（「協同労働」の性格・社会的インパクト研究、「協同社会のデザイン」へのアプローチ、「協同組合」の今日的な価値を問う）②調査（労働者協同組合法や社会変革の主体となる団体調査）、③政策提言（持続可能な社会づくりに向けて、ワーカーズコープ設立・組織転換・運営支援）、④ネットワーク（「協同」をテーマにネットワークづくり、会員活動推進）、⑤学び合い（大学生や市民講座の開講）になります。

インタビューご協力者：医療法人社団きょうどう

（https://kyodo-dc.com/）

理事長　藤野健正氏

　　1992年、働く人たちが出資して経営に参画するという「協同組合」の働き方を行っているスペインを視察するという機会があり、参加をしました。マドリッドでCES歯科クリニックを見学しました。4歯科クリニックから成り立ち、理事長は女性の事務方で、常勤歯科医師は3人、あと非常勤契約歯科医師20人、歯科衛生士が25人、歯科技工士は10人、事務スタッフで総組合員は43人ですが、組合員資格を得るには75万ペセタ（約50万円）の出資金が必要です。

　　「労働者協同組合」としての働き方が歯科でもできると知り、この方向を追求したいと思いました。当時、私が働いていた医療法人は1,000人を超える職員がおり、そのうち歯科職員は60人に達していました。歯科組織としては大きな真面目な労働集団でしたが、組織が大きくなるにつれ、自覚的労働を継続するのに困難を来すようになってきて、このままの組織形態では、本当に良い医療を追求するのは難しいと感じ、法人の了解を取り付け、歯科を医療法人から独立させ「協同組合」歯科にする検討に入ったが実現できないでいました。

　　その後、学生時代から苦労を共にしてきた相棒と退職することとなり、退職金を出し合い資金に充てることにし、あと2人の元職員の協力者と4人で話し合い「きょうどう歯科」の立上げを行いました。労働者協同組合法がなかったため、最も実態が近い医療法人社団の資格を取りました。組織活動の中身は協同労働を意識し、既存の虫歯治療歯科医院ではなくて、口腔を定期管理する

歯科医院（口中医院）を目指すことにしました。若い人は歯科医院になかなか来ないですが、ご家庭の年長者世代が歯科医院に定期的に治療に来れば、子どもや孫たち家族の皆が若い頃から口腔管理に来るようになるので、「健康家族」として世代をまたいでお付合いするようになることを意識しました。

　法人資格取得後には患者さんを中心にした協力会「きょうどうの会」もでき、1年目には2番目の歯科事業所、4年目には3番目の歯科事業所、8年目には4番目の歯科事業所を地域の「きょうどうの会」の皆さんの協力を得て首都圏に立ち上げることができました。

　大震災があった時には、原子力発電所事故での四重苦で苦しんでいた福島に歯科支援活動に入らせてもらい、現地において生産する「海苔」が風評被害で売れないことを知り、原価で買い入れて、原価で患者さんにお分けするという活動を始め現在に至っています。その後、歯科を開設した千葉県松戸市においても放射線のホットスポットとなっていることがわかり、内部被ばくによる子どもの健康がとても心配されていましたので、脱落乳歯を保存するプロジェクト（乳歯に取り込まれるストロンチウム90をいつでも測定できるため）を立ち上げました。提供された乳歯を直接スペインの放射線研究所に持ち込み、分析協力をしてもらいました。その後、国内に乳歯保存ネットワークが立ち上がり日本全国のみならず世界との連帯ができ、今では無償で個々人のお子さんの乳歯分析を行う株式会社ははを設立して現在も活動しています。地域ではお口の健康を通じて全身の健康増進に貢献しています。地元のお祭りの時には、歯科健康コーナーを設け、健康相談や健康グッズ販売なども行っています。

　立上げ時のメンバーとは、協同労働という考え方に賛同して一緒にやってきましたが、最近の入職職員は「労働者協同組合」での協同労働の意味を知らないで入ってくる人も少なくありませ

ん。採用面接の時に組織形態について伝え、「きょうどう5原則」（資料1）を説明しても応募者は十分理解できないため、実践を通じ働きながら受け止めてもらっています。各診療所では定期的に月1回内部の会議を行い、四半期ごとに全体会議を開催しています。

　医療組織は、医師等の資格職をトップとしたピラミッド型＝ヒエラルキー組織の典型ですが、私たちが目指してきたのは民主的運営をしながら、患者さんを中心とした医療を行うフラットな組織です。年次が短い人でも意見は言えますし、年次が長い人だからといって、権威勾配な指示をして非資格職を含むスタッフを縛るようなこともしません。一人ひとりが自覚的労働の人間として成長する場であり、自覚的労働集団にならなければいけません。言われてから働くのではなくて、本当に自分たちがやりたい仕事を自分たちで話し合って実践します。働き甲斐のある職場は自分たちで作ることが大切です。

　人びとが幸せになれる社会をどうしたら実現できるか、歯科医療現場からどうチャレンジできるかを、常に考えてきました。歯科医師もたくさんの患者さんにいろいろな治療行為を経験させてもらい成長させてもらうことが必要であり、その結果身に着けた能力は自分だけのためではなく、世の中に還元していくことが必要最低条件であり、またそういった思いを持ちながら働く歯科医療集団にしていくことが大切です。

　歯科医療というのは戦争状態の時は要求されない、世の中が平和な時にこそ必要とされる平和産業だと思っています。自由に旅行し、おいしくものを食べ、健康に生活できる平和な社会を世界の人々は求めています、歯科分野からも目指していき

理事長　藤野健正氏

138

たいです。そのための場所＝みんなの家（うち）・自覚的労働で持続可能なワーカーズコープきょうどうを設立し、活動を続けていきたいです。

（資料 I）
[きょうどう五原則]
　一、患者さんに寄り添い、患者さんの医療を受ける権利を守る。
　一、職員、職員家族、きょうどうの会会員・出資者を守る。
　一、歯科医療保険制度を守り充実させることと医療法人「きょうどう」を守る。
　一、地域の健康づくり・町づくりに積極的に参加する。
　一、きょうどう労働を確立する。

⑷　一般社団法人ソーシャルファームなかがわ

インタビューご協力者：一般社団法人ソーシャルファームなかがわ
　　　　　　　　　　　　事務局長　玉木信博氏

　2006年にワーカーズコープ・センター事業団に入り、高齢者や子ども、生活困窮者の支援に関わってきました。大学では、農学部出身だったこともあり、農山村でワーカーズコープ的な仕事づくりに入りたいという思いをもっていました。労働者協同組合法が成立すると、一からワーカーズコープを作り、サポートすることもミッションになると思い、センター事業団に所属したまま、2015年4月に上伊那郡中川村（人口4,818人）へ移住し、東京と長野の2拠点生活が始まりました。
　センター事業団は30年以上、協同労働の全国組織として活動を

してきた組織ですが、中川村には事業所もなかったので、ゼロからどうやって協同労働という働き方で仕事を作るのか考えました。当時の中川村の課題としては、障がい者のサービス事業が少なく、自治体側は運営する人がいれば作りたいという意思はあったものの、そういう人たちはいないようでした。サービスを必要とされる多くの方は、村外に行く、あるいは他市町村のグループホームに転居するケースがあります。それも選択肢の１つですが、生まれ育った地域で安心してそこに暮らして生きるというのは当然の権利としてあるべきと考えていました。地域で求められていることと、自分たちがやりたいことをもやもやと考えていました。

　新型コロナウイルス蔓延前までですでに中川村に４年間住んでいましたが、現地にいられた時間は実質２年程度だと思います。家族で移住したものの、東京と全国を歩き回っており、週の半分もいられる生活ではありませんでした。そうしたなかで2016年から2019年は映画会や学習会を開催し、徐々に仲間が集まってきて活動メンバーが12人になりました。その頃に、村にも引きこもりの方がいることを知り、「8050問題」に対してもなんとかしたいと思うようになりました。そういう人たちも含めてサポートすることはもちろんのこと、一緒になって活動できる場を作りたいという思いが強くなりました。

　移住してから約４年かかりましたが、地域に暮らすことでわかることがあります。共同体では、障がいや疾病等で力を出すことが難しい人の中には、居場所がないと感じる人がいます。一方で、村というのは誰もが見過ごせず、なんとかしたいという気持ちもあります。

　30年前に移住されたご夫婦で障がいのある３人の方と共同生活してきた方がいて、その方々にお会いしたのは衝撃的な出会いの１つでした。自分の子どもも３人育てながら、児童養護施設出身

者などの若者たちを受け入れていました。ご夫婦も年を重ね、今後一緒に生活をしている3人をどうサポートするのか、考えていました。そこで、村で居場所だけではなくて、仕事を作りたいと考え、前述の仲間やご夫婦と共に2019年5月に 一般社団法人ソーシャルファームなかがわを設立しました。

　非営利組織を目指しましたが、NPOでは出資はできず、企業組合は営利法人、最終的には非営利的な公益的な法人ということで社団法人を選択しました。社団法人も出資ができないので基金を設立して、返還可能な資金を集め、1口3万円として、立ち上げたメンバーで出資を呼びかけました。皆で400万円ぐらい資金を作ってスタートしました。これまでも話し合いを重ねてきたので、話し合いを基本として経営も開かれた形で協同労働組織として運営しています。緩やかに開かれたネットワークであるワーカーズコープ連合会に準加盟もしました。2021年5月、自宅に引きこもっている障がいのある方、引きこもりの方の通える場所を作ることを目的に、村が地域活動支援センターを設置し、運営を私たちが担うことになりました。中川村地域活動支援センター「くらしごと」という名称で運営を開始しました。部屋の中心は薪ストーブを囲んで対話もできるようになっていて、何もすることがなくても来てよい場所、目的がなくても通える場所です。

　現在、登録者は16人ですが、運営から半年後、仕事づくりの必要性を感じました。もともと、「くらしごと」の周辺のマレットゴルフ場の管理も任されていたので、草取りや山の中で落ち葉掃除などの環境整備作業をやっていました。ここに来ると、1時間500円で2時間程度の有償ボランティアという形で、ほんの少しですが仕事もできるようにしました。しかし、まだまだ少ないです。その他、空き家の活用や薬草の栽培など、村の資源を活かして仕事づくりに向かっています。

　地域の活動は、とても多様で面白いです。ただ、事務局のよう

な役割を担う人が少ない気がしているので、今後実務を通して法律、会計等を支えるグループができたらと思っています。移住されてくる人はやりたいことややれることがはっきりしていて、農業をやりたい、林業をやりたい、アーティストでものが作れるといった方などが多いです。しかし、普通は、1人でやれる人はそんなに多くはありません。私自身は何かができるわけではなく、皆でやらないとできないことが仕事でした。移住者の中でも事業所を作ることはそんなに多くはないと感じています。皆の仕事を皆で作っていく、というのは特殊なケースであるかもしれません。しかし、自分にはっきりしたものがなくても移住できるような地域であればと思っています。生きづらさを抱えている人が気軽な選択として、移住できるような社会になったらいいですね。

住んでみると、人手が足りていないところはたくさんあります。まだまだ移住のハードルが高いイメージがありますが、自分1人でできないことは、仲間を作ったらできるかもしれない、作り方はあることをお伝えしたいです。

事務局長　玉木信博氏

⑸　広島市「協同労働」プラットフォーム　らぼーろひろしま
（受託運営：特定非営利活動法人ワーカーズコープ）

インタビューご協力者：特定非営利活動法人ワーカーズコープ
　　　　　　　　　　統括コーディネーター　小暮 航氏

　松井市長の強い想いもあり、広島市の地域課題の解決に、協同労働の仕組みを活かそうということで、「協同労働」プラットフォーム事業がはじまりました。事業主体は広島市で、モデル事

業として2014年から開始し、現在 8 年目を迎えています。プラットフォームを通じて立ち上げる団体の立上げ費用の半分は市が補助金という形で支援しています。

　ワーカーズコープでは、広島市から事業を受託して、周知啓発、立上げ前後の伴走型支援をしています。すでに、26団体（今年、準備中の団体が立ち上がれば28団体）が立ち上がっています。チラシや広報誌を見て、関心を持つようになって参加をする人もいますが、既存の団体、住民同士のつながりを起点に立ち上がってきているのも多いです。

　広島市では、地域のコミュニティの活性化を大きな目的としており、定年退職等で地域に戻ってきた60歳以上の高齢の方々に、いろいろな知識や経験を使って活躍してもらいたいと考えています。半分が60歳以上の方のチームということが、補助金の交付の条件となっています。（2022年度より協同労働「促進」事業となり、年齢要件はなくなりました。）

　各団体は、日々の生活に近いテーマで活動をしており、メンバー全員が経営にも参画しています。なかには、初めて団体を立ち上げたシニアもいます。皆で話し合いながら活動をしており、公式には解散しているところはありません。子育てをひと段落した主婦の人たちの中には、子ども食堂の運営を補助金でまわしていくのでは先が見えないので、新たにお弁当屋を開いて収入を得るなど、自主的に回るような事業にするための工夫をしている団体もあります。

　仲間で一緒になって活動をしていくことの楽しさもありますが、一人ひとりが主体的に働く楽しさを感じています。われわれワーカーズコープはみなし法人で協同労働を行っていますが、協同労働は、あくまでも仕組みであり考え方なので、労働者協同組合法の施行によって設立された法人もあれば、みなし法人の協同労働もあるだろうと思います。広島のモデル事業の中で、地域で

行政と一緒になって起こした団体の全部が、いまのところ任意団体として事業をされています。

　労働者協同組合法が施行されても、広島市でモデル事業を活用した団体は、任意団体のまま事業を行っていくことを選択するところが多いと考えています。もちろん、任意団体のままであることは、委託契約の事業ができないなど、組織としての諸契約が難しいという点はあります。しかし、労働契約を結んで最低賃金を守りながら雇用労働をしなければならないので、雇用関係を結び、諸手続きが煩雑になるより、任意団体のままで楽しくやっていくというのが大きいです。気持ちの部分では法律を適用したくても、法人でなければいけないとなると、今行っている活動においては、可能性が狭まってしまうことがあり、自分たちの手で作り上げていったものは大事にしたいという気持ちが強いです。

　介護、子育てなど、もう少し事業性があるもので、若い人が携わっていたりすると、労働者協同組合を選ぶのではないでしょうか。広く協同労働という仕組みでは一緒ですが、何をするか、誰がやるかによって、組織の形の選び方が変わってくると考えます。広島の事業は、60歳以上が対象になっていますが、若い人たちにも興味をもってもらっています。また、企業との関わりという点では、広島の事業は企業との連携は直接していません。しかし、今後、退職された方々が労働者協同組合で働いたり、中小企業で事業承継が難しい企業で働く従業員同士が協同組合を設立することはあるのではないでしょうか。

統括コーディネーター
小暮 航氏（右）

⑹　ワーカーズコープちば・企業組合労協船橋事業団

インタビューご協力者：ワーカーズコープちば・企業組合労協船橋事業団
（http://www.jigyoudan.com/）
理事長　菊地　謙氏

　ワーカーズコープちばは、1987年に設立された組織です。本拠地である船橋市高根台は、UR の大規模団地があり、高度経済成長時代には、東京のベッドタウンとして多くの人たちが移り住んだ場所です。1980年代後半になると、その人たちの多くが定年の時期を迎え、定年後は地域に戻って働き続けることを希望していました。そのため、ワーカーズコープちばは、当初「船橋地域中高年雇用福祉事業団」として中高年の働く場を作ることを１つの目的に設立されました。

　高根台地域は、UR の団地ができる前には、生活環境が整っていなかったため、自治会や住民自身が行政や公団（現・UR）に要求して、生活環境を改善してきた歴史があり、船橋市の生活協同組合（生協）の活動も団地の食品の共同購入から始まっています。

　初期のワーカーズコープちばは、７人からスタートし、資本もなく、人が集まってきてできる仕事は、生協の物流センターの仕事や地域の方々から紹介してもらった病院清掃などが中心でした。その後、生協の物流センターが移転して、仕事がなくなるとなった時に、代わりになる仕事を起こそうと、皆で話し合いを行ったのが転機となりました。

　2000年に介護保険制度が始まったこともあり、地域福祉に皆で取り組もうと考え、ヘルパーステーションの立上げを行いました。設立当初の生協等からの委託事業から、自分たちが主体的に起こした仕事も増えてきました。その他、何でもやろうというこ

とで、弁当屋、団地の便利屋、ふすまの張替え、庭の剪定など、仕事の幅を広げてきました。

2010年により広いエリアでの協同労働の仕事起こしを目指し、ワーカーズコープちばと名前を変更しました。国の介護保険制度に関わる仕事は、法人格がないと不便であったため、企業組合を取得し、任意団体であるワーカーズコープちばと企業組合である労協船橋事業団の2つの団体が併存していますが、一体的に運営しています。労働者協同組合法の施行後には、労働者協同組合法人に移行することを予定しています。

労働者協同組合法については、労働者が出資して自分たちが経営に参加をするということと、日本の労働法との整合性をつけていくことが課題だと感じています。労働者協同組合法の施行によって、設立のハードルが下がるのはよいことです。一方、組合員と労働契約を結ぶことが必須とされるため、子ども食堂や高齢者サロンなど、採算性の低い事業が中心となると、最低賃金を払うことは容易ではなく、労協法人化は難しいと思われます。そのため、移行できない団体もあるのではないでしょうか。

私たちもこの35年、労働法を守り、生活できる収入を目指してやってきましたが、それだけでは地域の課題は解決できません。フードバンク活動の収益はないが、必要な人はたくさんいます。そういう社会貢献的な部分を労働者協同組合としてやるのがいいのか、NPOとしてやるのがいいのか、工夫のしどころだと思います。

また、法人格を取ろうとすると、理事長を置いたうえで、理事長と他の人が労働契約を結ばなければいけなくなり、理事長は労働者として認められず、雇用保険に入れなくなります。皆が同じように経営に参画をするとしつつ、形式的には1人が雇用主、それ以外は雇われている人になります。さらに、労働者協同組合の組合員は、加入する際には、出資金が必要となります。今まで

は、1口の出資金（5万円）を一度には払えず積み立てている人もいました。労働者協同組合法ではその積立期間は組合員とは認められません。法律には労働者協同組合の要件として、働く人たちの4分の3以上が出資した組合員でなければならないと書かれていますが、生活困窮者や学生などは組合員になりにくくなるのではないでしょうか。現状では、皆を組合員にできるように、定款上の1口5万円の出資金を1万円に下げるという方向で考えています。

　もともと協同組合は、自分たちが地域で必要な仕事を作って継続していくために設立されましたが、皆で責任をもつというのは、言うほど簡単ではありません。組織で働いている人の意識は同じではないので、どうやったら組織がうまくいくか、みんなで労働条件を話し合って決めないと実感が湧いてきません。みんなが納得したうえで決めるのが理想ですが、規模が大きいと一人ひとりの意見を尊重することは難しくなります。現在、月に1回は職場会議、地域ごとのエリア会議、全体方針を決める理事会を開いています。会議の数も増えますが、合意形成をないがしろにすると、労働者協同組合ではなくなってしまうため、そこにはこだわっています。

　働いている人を思いやる、自分のこと以外のことを考える、ということを非常に大切にしています。組織である以上、いろいろ課題はありますが、職場の中で必要だと思われた経験が少ない、感じられない人が多い日本社会において、労働者協同組合は、自分たちが仕事を起こし、運営する実感を持てる場にできるのではないでしょうか。

理事長　菊地　謙氏

(7) UCI Lab. 合同会社

インタビューご協力者：UCI Lab. 合同会社

（http://www.ucilab.yrk.co.jp/）

代表・所長 渡辺隆史氏

2012年9月に株式会社 YRK and の1チームとして立ち上げ、2021年9月に合同会社として登記を行い、分社化しました。UCIというのは、Use Centered Innovation の略です。

主要な事業は、商品開発や新事業に取り組む企業に対する調査や創造プロセスの支援です。メーカーは従来、技術起点でものを考えますが、当社はユーザー側の文脈で考えます。調査のみ、デザインのみということではなく、全体のプロセスに対話的な態度を取り入れ、「ほどく」「共感する」「つくる」「届ける」という流れで伴走型支援をしています。

今までは、ユーザー側、クライアント企業側がもっている情報が異なるなか、その認知のギャップを解消する、ユーザーと現場に寄り添った価値を共創していくことに注力してきました。最近では、マーケティングの段階から「ケアの倫理」が必要だと思い、協同労働に目を向けるようになりました。

組織の中の1部門から分社化が決まった時に、新しい会社のあり方として、4人のメンバーが協働的に対話をしながら経営に参画し、意思決定をしていくのがよいのではないかと考えました。ワーカーズコープ連合会からも助言を頂きながら、労働者協同組合に近い形として、今の合同会社の形態を採ることにしました。どういう組織にしていきたいのかメンバー皆で話し合い、立ち上げる作業も皆で分担して進めていきました。

組織マネジメントもフラットにしていきたいのですが、そのような意思決定を行っただけでは、すぐにフラットにはなりませ

ん。今までは、クライアントの仕事は私のところにきて、実行するのがリサーチャー、デザイナー、アシスタントという体制でした。新しい会社では、私が全体を差配する形であるものの、他のメンバーも前に出て仕事を主体的に受けられるというフラットな組織を目指し、それを当社の協同労働の未来像として描き共有しました。まだ試行錯誤中ですが、細かい意思決定も明確に線を引くのではなく、連携し合って、それぞれが役割をもつようになっています。日々の資金繰りもチームで共有しています。

　合同会社は労働者協同組合と違って、役員と従業員の扱いになります。当初は全社員が出資者として参加したほうがよいとは思っていましたが、合同会社の場合、出資した人間は雇用保険から外れるため、従業員の立場を希望するメンバーもいました。合同会社という法人格で協同労働的組織を実現するために、運営においては皆が経営に参加をして意思決定をしていますが、制度面のところは難しい部分もあると感じています。

　自分たちが協同労働を実現していくことも大事ですが、地域の活動に対して、私たちの専門能力を通じてお手伝いできることもあるかもしれないと考えています。たとえば広島の協同労働プラットフォーム事業の取組みは、地域の課題を自ら発見して定義することが行われています。それを広島以外にも展開する時に、プロジェクトとして安定的に運営をしていく方法論の構築などは、今後、お手伝いできるのではないかと思っています。

　現在、当社のクライアントであるメーカーの新事業では、社会課題に関連したテーマが増えていますが、現場の情報が不足している中で探索しているのが実態です。地域課題の解決のために、協同労働を目指して活動を行っている方々あるいは今後活動をしようとしている方々と、ビジネスのスキームで考えている企業は、現時点ではまだ離れています。両者をうまくつなげることができれば大きな動きにつながっていくのではないかと感じていま

す。

　私たちは、働き方改革が話題になった時も率先して取り組んできました。いわゆる広告代理店の部署は労働集約型で、できるまでやるという働き方が普通でした。しかし、当社ではチームを立ち上げた2012年以来、従業員も女性が中心で、働き方に制約があるなかで成果を生むことが必要とされました。ハード面では、テレワークに取り組むことはもちろんのことですが、ソフト面では上意下達ではなく、より柔軟な長期継続できる関係性を作ることが重要だと感じました。こうした取組みの延長線上で行き着いた働き方が、実は協同労働でした。それぞれが状況にあわせて最も就業しやすい形で参加する。多様な参加者が対話し支え合いながらひとつの成果を目指す。地域活動に限らず、プロジェクトベースで最大限の創造性を発揮するためには、協同労働は最適な組織のあり方かもしれません。

　地域活動などをいろいろと見学させていただくと、男性は仕事をし、地域の活動の多くを女性が担っている実態を感じました。ボランティアという無償の働きが当然となってしまうと、持続可能になりません。何らかの形で対価が発生することが必要ではないでしょうか。そのためには地域活動をボランティアではなく、「仕事」「労働」にしていく協同労働の可能性がここにもあると思います。

　もちろん、協同労働によって、すべての地域課題が解決するわ

ワークショップの様子

代表・所長　渡辺隆史氏

けではありません。それはあくまでも手段の１つであって、皆で
合意形成がされた時に労働者協同組合を設立して、協同労働とい
う働き方がよいという合意が生まれることが理想です。まずはど
ういうことを解決したいか、どうなりたいか、が先にあり、その
ための手段として労働者協同組合の存在や協同労働という働き方
があるのではないでしょうか。

⑻　NPO 法人ライフワーク・レインボー

インタビューご協力者：NPO 法人ライフワーク・レインボー
　　　　　　　　理事長　出浦洋子氏

　私たちの法人が活動している地域は、長野県の最北端の信濃
町・飯綱町という地域です。両町ともに人口１万人前後の小さな
町で、高齢化率50％に近い限界集落でもあります。私はこの地域
で12年前から障がいのある子の親の会の運営や私設図書館を併設
した不登校の子の居場所支援などを通して子どもの支援に携わっ
てきました。
　冬に雪深くなるこの地域では、生きづらさのあるお子さんや、
成人となった皆さんの中には、１人で外出することも難しい状況
の人も少なくありません。例えば、この地域の小中学校に馴染め
ない子どもたちは、他の学校を選ぶことが難しいため、不登校と
なり、親子共々家に閉じこもるしかない状況が起きてしまいがち
です。それは大人になっても変わりません。車の免許がないと、
自由に行動ができず、好きな仕事や職種を選ぶことが難しい状況
です。そうすると生きづらさがあったり、障がいを抱えたりする
人たちは、選択肢のないまま【これしかない】状況で、その環境
を飲み込まざるを得ません。「選べる」ことを知らないまま生活

するしかない環境の人もいます。そうしたどうしようもないという環境で生活するのではなく、どんな小さなことでも選べる自由を一つでも多く持てる環境を創りたいと考えています。

　現在法人の活動は4年目を迎え、フリースクール部門として放課後等デイサービスを併設したフリースクール事業と、おしごと部門として①薬草栽培、②自然素材を用いたハウスクリーニング、③森のメンテナンスなどの事業を行っています。フリースクール部門のフリースクールは、学校だけではない自由に選択できる「学びの場の選択肢」として、2021年4月に始まりました。一人ひとりの興味関心や好きを大切にして、セミオーダーのカリキュラムを組んで運営をしています。昨年9月には放課後等デイサービスを併設させ、療育的な観点を必要とする子どもたちに利用してもらいながら、多様な学びを創ろうと活動しています。

　おしごと部門では、①薬草栽培を手がけて3年目となります。薬草栽培の指導者と連携し、生薬づくりに挑戦しています。また健康茶をつくる地元企業さんと連携して、健康茶の原材料を栽培する高齢農家さんのお手伝いをしています。②自然素材を用いたハウスクリーニングでも地元企業と連携したり、個人宅の定期クリーニングに入ったりしています。③森のメンテナンスでは、現在倒木などを使って、白樺の皮の着火剤やスウェーデントーチを作り、地元のアウトドアショップに納品するなどの仕事をしています。2022年4月には、3月に養護学校を卒業した人たちが、週に2日当法人の仕事を行っています。他の福祉事業所でも仕事をしながら、当法人では、業務委託契約という形で彼らが個人事業主となって、責任ある社会の一員として《一緒に働く仲間》になってもらっています。障がいを持っていると、国の福祉制度で守ってもらえる部分もありますが、それだけでは経済的に自立した生活をするのは難しい側面があります。私たちはそれを変えていきたいと願っています。どんな人もその人らしく住み慣れた地

域で毎日を当たり前に尊重されて生きることができる社会を目指します。そのために業務委託契約という形をとり、「障がい者」の枠を超えて、一緒に働く仲間となるための活動です。今後、養護学校や地域の学校を卒業して、この地域で生きていくと選んだ人たちと、当法人の活動を通して、彼らがやりたいことをバックアップしていけるような組織になるために、活動を展開していきたいと考えています。その一つの選択肢として個人事業主としての業務委託契約があります。また他の選択肢として、企業への就労、他にも一つの仕事だけをするのではなく、複数の仕事を掛け持ちして、それらを合わせた収入で生活ができるような、多様な選択が当たり前になってほしい、そんな願いを叶えるべく事業を行っています。

　私たちには障がいの有無に関わらず、子どもの時から誰もが尊厳を守られることが当たり前の社会になっていってほしいという想いがあります。現在行っている一つ一つの活動が、いろんな多様性を楽しく面白く積み重ねていく基盤になっていき、その人それぞれが、ワクワクしながら日々の営みを自分の人生として味わい尽くして生きていけるように、これからも活動をしていきます。

薬草栽培指導の先生との作業風景

理事長　出浦洋子氏

2. ワーカーズ・コレクティブネットワークジャパン 及びその関連団体

(1) ワーカーズ・コレクティブネットワークジャパン

インタビューご協力先：ワーカーズ・コレクティブネットワークジャパン（WNJ）
（https://wnj.gr.jp）
代表　藤井恵里氏
神奈川ワーカーズ・コレクティブ連合会
専務理事　井上浩子氏

——協同労働を実現していくためには、どのようなことが重要なのでしょうか。

　皆で出資を行い、全員参加型で働くという事業の在り方なので、参加しない人を作らないという意味で、皆とうまくコミュニケーションとりながら運営を行うことが、重要なポイントになっています。全員が責任と権利をもつため、合意形成が重要です。

　ワーカーズ・コレクティブネットワークジャパンに加盟している団体は、3人から400人くらいまでの組織がありますが、30人前後の団体が多いです。事業所が複数ある団体の場合はそれぞれの場所で平均約10人〜20人くらいが働いていてそれぞれの事業所から選出された理事による理事会を形成し運営しています。民主的に、皆の意見を反映することを大事にしています。

　組織運営は、確かに全員が平等で運営していくのですが、リーダーシップが重要だと考えています。リーダーは、指示を行うのではなく、全員で話し合うための材料を提示し、全員で話し合いを行った上で、まとめていくことが求められます。

——協同労働ではどのような点に課題を感じていますか。

どのようにリーダーを育成するかは課題となっています。当初の設立メンバーから世代交代すると、当初の理念の継承が難しくなります。一方、設立メンバーがずっとリーダーを続けていて、その人がいなくなったら事業を終了してしまうという事例もあります。連合会をつくって、情報開示や提案、話し合いの進め方含めて、リーダーとして必要な要素について、研修を行っています。

　ワーカーズ・コレクティブは地域課題の解決のためという強い思いを持つ主婦が始めた団体がほとんどなので、経営について学んできたわけではなく、連合することで互いに学び合ってきました。連合会からは、事業の継続のために中長期計画を立てることや、リーダーは1人が続けるのではなく、交代することの重要性を伝えています。

――事業性を高めるためにどのようなことに取組まれているのでしょうか。また、課題があればご意見をお聞かせください。

　介護事業を行っている団体は、介護保険制度事業に参入して、事業が安定した団体が多くなっています。保育事業を行う団体も子ども子育て支援制度の拡充で事業が安定してきています。それ以外に自分たちの特技を生かして経理や編集の仕事など、スキルを活かして仕事を起こしている団体もあります。制約はないので、皆がやりたいことができるため、神奈川で活動をしている団体だけでも約30業種あります。

　一方、事業がうまくいかなくなってしまう団体に対しては、神奈川では、各業種から選出された理事が再建計画策定の支援を行います。リーダーシップが取れず、メンバーの合意形成ができない団体では、リーダーへの助言も行っています。事業が伸びている団体で5年以上リーダーを経験した人を講師に経営学習会を行ない、リーダーの学ぶ場をつくっています。

——労働者協同組合法施行における展望や課題についてご意見を
　お聞かせください。

　労働者協同組合法の施行によって、「協同労働」という働き方
が社会的に認知されることや、協同組合の設立の目的などが明確
に法律に位置付けられることは大きく、今後、広げていくための
効果があると感じます。現時点でワーカーズ・コレクティブネッ
トワークジャパンに加盟している団体のうち、約50団体が労働者
協同組合になることを検討しています。企業組合からは、同じ協
同組合なので変更しやすいですが、NPO法人では、移行に悩ん
でいる団体が多いです。地域のなかにブランドイメージが根付い
ているNPO法人では、看板（法人格）の付け替えをしたときの
印象の変化などを協同組合への移行に悩む理由として挙げていま
した。加えて、居場所事業など事業性が低い事業を行っている団
体の場合は、地域では必要とされている事業ではあるものの、メ
ンバーに最低賃金等を保障することができないことも、協同組合
へ移行しない理由として挙げています。

——協同労働はどうしたらより広がるか、そのためには何が必要
　なのか、ご意見をお聞かせください。（行政、企業との連携
　等）

　6月には厚労省のホームページに労働者協同組合の特設サイト
ができ、都道府県も市町村、県民向けの説明会を開催する等やっ
と周知広報が動き始めました。しかし、さらに協同労働を広げて
いくためには、労働者協同組合法の活用方法を具体的に知らせる
ことと並行して協同労働で働く文化や意識の醸成が必要だと感じ
ます。
　また、企業との連携という意味では、問い合わせをしてこられ
る企業もありますが、連携がうまくいった事例は今のところあり
ません。働く人が指示命令系統ではなく、主体的に協同して事業

を行うイメージが持てていないと感じます。企業側は、資金や施設などのハード面は充実しているので、双方でうまく連携ができれば、協同労働がさらに広がるきっかけになるのではないでしょうか。

代表　藤井恵里氏　　　　　　専務理事　井上浩子氏

⑵　ワーカーズ・コレクティブ 企業組合つどい

インタビューご協力者：ワーカーズ・コレクティブ 企業組合つどい
（https://wcotudoi.grupo.jp/）
専務理事　濱本里美氏

　2007年1月に、生活クラブ生協が飯能にデリバリーセンターを移転させる際に、生協からの依頼で企業組合を設立しました。設立時は、生協の組合員やその家族がメンバーとなっていました。仕事内容はチラシと申込 OCR 用紙をセットし袋詰めする作業や、回収した OCR 用紙のデータ化などです。
　ワーカーズは地域に必要な物やサービスを提供する組織だという考え方があります。生協の仕事を手段として、地域で働く場がない人、障がいがあって働く場が見つからない人等のために働く場を提供し、障がいのある人もない人も年齢にかかわらずさまざ

まな人が共に働くということを活動目的にしており、20代後半から70代までの人たちが働いています。

　障がい者就労支援センターや社会福祉協議会の生活困窮者自立相談支援センター経由で実習に来たり、そこから就労につながる方もいます。また、知人からの紹介で自宅に引きこもっていた若者が働き始めることもあり、社会へ一歩踏み出すきっかけになっています。

　現在も、主に生活クラブ生協連合会の仕事を請け負っています。生協からは、事業所内保育所の運営や、構内の清掃、電話注文センターのオペレーター業務など、追加で仕事をいただいています。より多くの働く場を確保するために、生協で新しい仕事があれば、すぐに手をあげるようにしてきました。今年の8月から稼働する第2デリバリーセンターには生協の卵を選別パック詰めするセンターが併設されると聞き、うちで引き受けますと手をあげました。

　委託事業を行っているため、デリバリーセンターがある限りは仕事がありますが、生活クラブ生協が移転するとなると仕事がなくなります。売上げのほとんどは生協からの委託で成り立っており、完全な自主事業である家事支援の事業の売上げはきわめて低いものです。自主事業を行ったきっかけは、オートメーション化でチラシをセットする部署の人数を減らさないといけなくなった時に、自分たちで何ができるかということを話し合い、家事支援はニーズがあると考え、挑戦することにしました。

　働いている人は計140人いるうえに、仕事の種類がたくさんあるので、皆の意見ですべての部署の案件を合意するのは無理でした。企業組合つどいという法人ですが、部署ごとにワーカーズ・コレクティブと名乗っています。例えば、OCRデータ化の部署はワーカーズ・コレクティブ受注、電話注文の部署はワーカーズ・コレクティブベル、清掃はワーカーズ・コレクティブぴかり

んと呼んでいます。それぞれのワーカーズで決定権をもち、月１回は全員が参加する会議をもっています。労務、税務、給与計算、会計といった共通業務は、つどい本部が担っています。

　各部署の代表者を理事として、つどいの理事会を構成しています。１期２年なので、交代しながらやるようにはしていますが、自発的に代表者になりたいといって手をあげる人は少ないのが現状です。メンバーはフルタイムが13人で、その他は、週２〜４日勤務や、午前中のみの勤務など本人の都合や体力に合わせてシフトを組んでいます。４週間単位のシフトをワーカーズごとに組んでもらっていますが、基本は助け合いながらやり繰りしています。

　報酬面では昇給があり、これができたら次の基準に上がれるという基準を細かく作っています。祝日は休みではないため、子育て世代が多い部署は土曜祝日手当、電話注文は夜もあるので夜のシフト手当をつけるなど、自分たちで必要と思う手当をつけています。役職の手当や基本の時給も部署ごとに決めています。

　皆で話し合って決めているため、不平不満は少ないのです。ただし完全に任せてしまい行き過ぎてしまうと困るので、理事会で承認をすることが前提です。自分たちで考える過程が大事であるため、考える機会や提案する機会を設けています。

　協同組合について学ぶための研修を毎年３回程度実施し、協同組合はどういうものか、私たちの働き方はどういうものなのか、他部署のメンバーとも交ざったグループ分けをしてワークショップを行っています。営利目的ではないので、自分のことだけ考える団体ではないことを思い出してもらう機会としています。

　法人格は、事業規模が大きくなることが最初からわかっていたので、皆で話し合って任意団体ではなくワーカーズ・コレクティブに近い法人格である企業組合を便宜上取得しました。

　労働者協同組合法の施行のメリットとしては、協同組合の設立

の認可が不要で、新たに作りやすくなることや、非営利性が明確にうたわれていることがあげられます。私たちとは異なり、規模の小さな社会貢献を主目的とするワーカーズ・コレクティブでは最低賃金の保証の難しさが課題としてあげられますが、このタイミングでどうやって運営したらよいかを、改めて考えるきっかけになるとよいのではないでしょうか。また、雇われない働き方としてワーカーズ運動を担ってきた方々の中には、雇用契約を結ぶのが嫌という方も多いですが、会社組織ではなく、協同組合は自分も含めた組織との契約であると理解しています。他者である経営者との契約ではなく、仲間同士での働き方の約束なので、雇用契約を結ぶということに違和感はありません。理事長、代表理事、専務理事が労働保険に入れないという点に対しては別途保険をかけていますが、労働保険の対象になるとよいと考えます。

　現在、労働者協同組合法の施行で、労働者協同組合に移行するために、プロジェクトチームを作って準備しています。このまま企業組合つどいとして活動していき、「企業組合」の目的としてうたわれている経済的地位の向上だけがクローズアップされてしまうと、作った時の思いがなくなってしまうことが懸念されます。「労働者協同組合法」の目的は、私たちが設立した時の思いに合致しているため、法人格を移行し、自分たちの思いをしっかり定款に反映していきたいと思っています。

⑶　（企業組合）ワーカーズ・コレクティブ 紙ふうせん

インタビューご協力者：（企業組合）ワーカーズ・コレクティブ 紙ふうせん
（https://kamifusen1.exblog.jp/）
就労継続支援Ｂ型「紙ふうせん」
管理者 宮野洋子氏

1995年にこの地域に求められるニーズに応え、自分たちが進めたいサービス作り、そして地域のたまり場を作る目的でワーカーズ・コレクティブ紙ふうせんを起ち上げました。出資金（お店を出す経費）として、1人20万円（計120万）の出資を行いました。生活用品等を要らなくなった人から必要としている人へ、委託販売を中心に事業をしていました。寄付を通じた学生服等の需要も多かったです。小さなお店ですが、地域のアンテナショップの役割も果たしてきました。困り事があれば、便利屋のような事業（例：お買い物代行、遺品整理）を行い、助け合いも行ってきました。2005年8月に法人格（企業組合）を取得し、念願だった紙ふうせん2号店をオープンしました。広い店内はレストランにリサイクルショップを併設し、地場の野菜と国産の材料を使って手作りしたランチやお弁当の販売を始めました。

　2019年には、社会的に弱い立場の方、障害を持っている方等と共に働く場所、就労継続支援B型事業所を開設しました。

　ワーカーズメンバーは入れ替わり、現在は、5人のワーカーズ・コレクティブメンバーと、B型職員5人、サポーター（雇う、雇われるという関係ではなく有償ボランティア）の方が10人います。就労継続支援B型の利用者さん14人の方が就労しています。代表理事は交代制で、皆が同じ立場で働いています。月に数回の会議では、とことん皆で話し合いを行い、メンバーから新規事業等の提案があった時は、やってみようと前向きに取り組んできました。

　コアになっているメンバーは、週4〜5日働いていますが、子育てや介護をしている人もいますので、サポーターの協力を得ながら、シフトで調整しています。分配金は、固定給にしています。多様な働き方を認め合って分配金を決めています。仕事の依頼は引き受けた人が責任をもつようにしていて、電話を受けた人

ができると判断したら皆で協力して取り組みます。誰でも向き、不向きがあり、それはメンバーでお互いに補い合っています。

　今は、地域の中で紙ふうせんは認知され、紙ふうせんのお弁当は、作り手のわかる材料（国産）にこだわり、手づくりしていることに一定評価をもらえていると思います。誰が作っても同じ味になるように、調味料等の比率なども決めた紙ふうせんのレシピもあります。

　紙ふうせんの経営は今でこそ事業は安定していますが、最初の頃は時給が400円、500円だった時期もありました。うまくいかない時は、どうしてこうなったのかという話し合いをし、営業も積極的に行ってきました。紙ふうせんは、私たち自身の居場所なので、その場所がなくならないように必死に守りつつも、楽しみながら事業活動を続けています。

　現在、発起人は67歳、ほかに60代が2人、40代が1人、30代が1人です。働きたいと参加してくれるサポーターの声を聞くと、厨房で調理をすると料理を覚えられるし、親のような人がたくさんいるといいます。居心地が良いと感じてくれています。参加してくれた方がそのままワーカーズになってくれるとよいのですが、時給の良いところにいく人もいるので、実際、ワーカーズ・コレクティブに加入してくれる人は少ないのが実状です。

　労働者協同組合への移行については、皆で協議をしていますが、もう少し法律の内容が変わってくればよいという話はしています。今までは、ワーカーズメンバーの報酬を低く設定しているからこそ、経営が成り立ってきましたが、最低賃金で計算すると、経営が難しくなります。しかし、若い世代の人には、時給を高めに設定しています。ここ20年、30年ワーカーズメンバーとしてやってきたメンバーたちは、地域のニーズに応えてやりたいことをやってきました。もうからないゆえに時給にも反映されてきませんでしたが、活動を守るために自分たちの分配金を抑えてき

ました。利益が出る仕事もやっていかなければ活動を続けられないのが実情です。

　30年間、法制化運動を続けた一人として、近いうちに私たちも「労働者協同組合」の法人格を取り直し、「あそこが労働者協同組合だ」と言われるような位置に立ちたいのです。そして、労働者協同組合が、地域に全国に広がることを望みます。

近所の愛宕神社に初もうで

クリスマス会　サンタクロース
（左が宮野洋子氏で右がメンバー）

クッキー作り

紙ふうせん外観

⑷　特定非営利活動法人ワーカーズ・コレクティブういず

インタビューご協力者：特定非営利活動法人ワーカーズ・コレクティブういず
　　　　　　　　理事長　北田惠子氏

　ワーカーズ・コレクティブういずは、人と人の輪をつなぎ、地域に必要なモノとサービスをコミュニティーサービスとして立ち

上げることを目的に2004年、メンバー6人、出資金各15万円で立ち上げました。2011年には法人格を取得し、NPOとして高齢者の日常生活支援サービス、居場所事業、子育て支援事業を3本柱に活動を展開してきました。

　メンバーとは、生活クラブ連合会のデリバリーセンターで働く仲間として出会いました。それぞれの経験の中で、生活クラブ運動の実践、地域でワーカーズ・コレクティブが通用するのか試してみたいとの高まりがあって立ち上げたのが「ボックスギャラリーういず」（喫茶とレンタルボックスの店）です。

　私自身、姑の介護を抱え、地域の助け合いの仕組みをワーカーズ・コレクティブで作れないか考えていた時期でもあり、メンバーに加わり、高齢者の生活支援サービスの事業を提案し採用されました。皆でヘルパーの資格を取りましたが、当時はまだ介護保険制度の利用は一般的ではなく、仕事には結びつきませんでした。次の年、「乳幼児親子のひろば」を開設したところ、千葉県の少子化モデル事業に採択され、ひろばは2011年3月まで続きましたが、震災の影響もあり、継続を断念しました。

　迷走しながらも、2008年に地域の方から空き家の管理を任され、そこを居場所として開放することにしました。レンタルボックスでの経験とネットワークが功を奏し健康麻雀教室や太極拳、歌唱や茶道、裁縫など20ほどの趣味のサークルの教室やサロンが次々開設されて、年間2,500人が集まりにぎわう地域の拠点になりました。また徐々に生活支援の仕事も軌道に乗り始め利用者も活動者も増えて、2016年からは居宅訪問サービスAにも参入しています。

　現在、商店会の空き店舗活用でも居場所事業を展開しています。こちらは、柏市社会福祉協議会の「常設型通いの場補助金事業」として2017年に開設されたコミュニティーカフェで、地域の住民ボランティアによって稼働しています。生活支援サービス

や、こども食堂も開設しています。

　補助金や助成金事業が採択される都度、テーマに沿った規約の整備や人員の配置、設備投資が繰り返され、メンバーも6人から17人に増えました。それぞれの加入の動機は、「こども食堂を開設したい」「カフェを運営してみたい」などまちまちで、経験値も高齢者施設で施設長をしていた方から専業主婦で働いたことがないという方までいます。「ワーカーズ・コレクティブ」だから加入するということではなく、自身の活動への思いや意欲、ういずへの信頼があって加入されています。子育てや介護を抱えている主婦（30～70代。最高齢78歳）でもあり、「できる時間」「できること」「お互いさまで支え合って楽しく働く」が基本になっています。

　NPOの賛助会員になって仕事として参加している人やボランティアも含めると総数50人ほどの所帯になりますが、部門ごとに会議があり、雇う雇われるという関係でなく、ワーカーズもボランティアも一緒に情報を共有して、働き方や分配金なども話し合って決めています。自由に意見が言えて、それぞれの活躍できる場が与えられています。そうした組織のありように居心地の良さを感じて、ボランティアからワーカーズに加入する人もいます。

　子育て支援や高齢者支援といったインフォーマルな活動は、採算性が見込めないので企業が取り組みません。その隙間を非営利市民事業として事業化してきたのがワーカーズ・コレクティブですが、今でもアンペイドワークが尊いという意識があります。社会保障の側面もあるインフォーマルな活動が、ボランタリーを良しとして対価が発生しにくい仕組みになっていることに問題があるとおもいます。

　人に向き合うことが求められるインフォーマル活動は、その人が何を求め、どう対応したらよいかの見極めが重要で、ケアの技

術だけでなく、コミュニケーション力のスキルもなければできません。もっと評価されていいし、社会資源を活かす連携と支援の仕組みづくりに敏感になってほしいと思います。例えば、コロナ禍でのこども食堂の活動は、子どもたちの居場所活動から一人親家庭や困窮世帯に対する食支援活動に激変しており、現場は地域課題のるつぼとなっています。参加者や配布数の増加も含めて地域のお節介な活動の域を超え、限界にきています。行政や、企業も含めた人・モノ・資金の支援の整備が必要です。

『暮らしの困った』を拾い、社会に提言する。これもワーカーズ・コレクティブが運動にしてきたことで、ぜひ、次世代にも引き継いでほしいのです。そのためにも、労働に対する正当な評価と適正な対価が必要だと考えています。

労働者協同組合法の成立は、長年の運動の成果として歓迎しつつも、人件費の捻出に四苦八苦している法人格をもたない小さな事業所やNPOにとっては、組織変更は簡単ではありません。加えて、コロナのパンデミックで、多くの事業所が存続の危機に陥っています。まずは事業の立直しが先で、アフターコロナを見極めているのが現状です。メンバーの平均年齢が72歳のういずも、例外ではありません。

その一方で、世の中の変わり目で、これから新しい視点でワーカーズ・コレクティブ運動が再生され、引き継がれていくかもしれないと思えば、楽しみでもあります。ワーカーズ・コレクティブは、組織運営において民主・公開・平等を基本に置いてきました。それらが効率よく機能する関係性や規模も重要となります。代表や役員が替わり合う組織を実践してきたのも同じ文脈でとらえられます。

そう考えると、地域が主役に躍り出るだろう令和の時代に、ワーカーズ・コレクティブの地域を単位にした活動で、小さなコミュニティの輪がいくつも作られ、その点と人の輪が大きくグ

ローバルに展開して地域共生型社会の実現に向かえれば、個々の
事業所の存続や廃業も新陳代謝の１つでよいのかもしれません。
　社会資源をつなぐ核となる、そこにワーカーズ・コレクティブ
の新たな役割を見いだしたいと思っています。

メンバーとの写真（こども食堂）　　　理事長　北田惠子氏

⑸　特定非営利活動法人ワーカーズ・コレクティブメロディー

インタビューご協力者：特定非営利活動法人ワーカーズ・コレクティブ
（http://wco-melody.com/）
メロディー前理事長　木村満里子氏

　2002年３月に設立し、今年は20年目にあたります。デイサービ
ス、訪問介護事業、居宅介護支援（ケアマネジャー）、家事支援・
子育て支援、川崎市産前・産後家庭支援ヘルパー派遣事業、居場
所の事業（ボランティア）、６つの事業を行っています。
　別のワーカーズが行っていた介護事業を撤退することになり、
それを引き継ぐ形で、2002年に、特定非営利活動法人（2008年取
得）ワーカーズ・コレクティブメロディーを設立しました。それ
までは、私自身が川崎・生活クラブ生協の理事長だったので、数
カ月かけて、説明会の実施や広報チラシを作成し、ワーカーズ設

立のために新しくメンバーを集めました。

　介護については素人が多く、全員が無資格だとできないため、資格をもっている方を探して、責任者として登録しました。メンバーで日々、研修を通じて毎日研鑽し、ヘルパーの資格や、介護福祉士、ケアマネジャーの資格を取得しました。すでに利用者がいるので、きちんとしたケアをしなければなりませんでした。

　神奈川の生活クラブ運動グループでは、介護保険施行前から「参加型福祉」という概念をもっており、介護の専門職でなくていいよ、一緒にやっていこうという思いで進めています。介護は専門職だけではなく、地域の方々がもついろいろなスキルを活かして、お互い助け合いで進めていくという大きなコンセプトにしています。

　設立して20年が経過し、介護保険事業は高い専門性を求められる世の中になったのでスキルを積み上げてきました。地域にも呼びかけて、「一緒に働きませんか」とチラシをまいたことで、40〜50代くらいの方を中心に、介護経験者や、経験はなくても関心をもつ人が集まり事業が伸長しました。

　組織は、離職率が非常に低く、40代で仲間になったメンバーが60代、70代になるなか、皆元気で頑張って続けています。1年目に入ったメンバーは10人ですが、現在は計43人の組織になっています。ワーカーズ・コレクティブの理念をもち、1人1票の権限で、皆で話し合って決めながらやっていく面白さがあります。好き放題に発言し合い、それを取りまとめて、リーダーシップをもって、私たちの使命や役割など、何を目指してやっているのかをきちんと話し合う場をもっています。いろいろなことをやりながら、1年に1回総会をやり、お金の使い方や、来年度の方向性を皆で話し合い、5カ年計画も策定しています。「平等」というベースがあり、今日メンバーになった人も、長く所属している人も権利が一緒なので、仲間意識が強く、とても居心地の良い職場

になっています。

　分配金という言い方をしていますが、誰かが賃金を決めている
わけではなく、みんなが経営者で、自分たちの分配金をはじめ、
お金の使い方を決めていきます。毎年次年度の予想の事業高を決
めて、そこから固定費を差し引いて、人件費をいくらにするか逆
算しています。例えば「デイサービスの利用者をこれだけ確保し
ないと、収入はありませんよ」ということで、目標の数値を示し
ています。

　単価は基本的に皆一緒ですが、看護師やドライバー、専門職に
対しては手当をつけて、評価も行っています。引き継いだ時は事
業が小さかったので、当初は分配金が低く、事業性を高めていく
ために、利用者をたくさん受け入れ、提供時間を長くし、新しい
事業をやっていこうと提案していきました。反対もありました
が、そこは何のためにやっているのか、現状のままで分配金が低
くて良いのかといった話し合いを続けていきました。そのうち
に、先陣を切ってやってみようという人が出てきます。そうする
と、ちょっと関わってみてもよいと思う人がさらに出てきて、新
しい取組みも進んでいきます。

　一人ひとりの生活スタイルが違うため、その人の状況に合わせ
た働き方をしており、やれる人からやっていくのですが、その結
果、最終的には、「皆大丈夫だよね」と自信をもっていくという
プロセスが大事だと考えます。協同労働として、自分たちで働き
方を作り、事業の形態を作り、やってきました。働き方は多様
で、利用者にあわせて曜日を固定にはしていますが、旅行や趣
味、子育て等の都合、コロナなどの状況の時はお互いさまで交代
しながらやっています。

　2019年には、「多世代の居場所メロディーココ」を設立し、常
設の居場所事業を始めました。メインでやっている事業は黒字で
すが、居場所の事業単体では、赤字です。今までためてきた資金

を地域貢献ということで充てています。それまでの15年間で、自分たちの役割や地域にとって何が必要かを話し合ってきたことによって生まれた事業です。再生産する事業は必要ですが、誰かが利益を独り占めすることはありません。地域のためにやっていこう、というベースの考え方をもっています。

　自分がこれだけのスキルをもって働いたという見返りの分配金は、きちんと確保しつつ、常にまちづくりという視点を持って事業展開をしています。地域貢献といっても分配金を低くしては賛同できないので、事業も発展させないといけません。リーダー1人だけに責任を押しつけるのではなく、お互い助け合ってやっています。

　居場所の事業は採算が取れないためボランティアでやっていて、最低賃金を出すと続けていくことが難しいのです。地域貢献という合意形成でやっており、地域の方のボランティアも入っています。福祉事業は、労働者協同組合法施行後もどちらかというとNPO法人といった、公益性のほうがなじみやすいのではないでしょうか。

　メロディーココはメンバーの居場所にもなっており、なかには80歳過ぎの方もいて、その人のできるサービスを提供していて、やりがいや生きがいになっています。しかし、新しい人に入っていただくことで、うまく世代交代もしていきたいと感じています。過去に天ぷら屋さんで働いていた方がいて、たまにランチに天ぷらをメロディーココの居場所事業で提供してくれていますが、そのことがその人のやりがいになっています。

　一人ひとりがやりがいや生きがいをもって地域貢献していければいいと思います。お金は必要ですが、最低限あればよく、地域の助けがあると安心して生活ができます。労働者協同組合法をきっかけに、協同労働を行う組織を増やし、一つひとつの運営は多様であってよいと思います。すごく稼げるワーカーズがあって

もよいし、いろいろなワーカーズが広がることが地域の豊かさになり、「お互いさま」があたり前の社会になればよいと思います。お金の価値に重きが置かれる社会の中で、協同組合として社会的連帯経済を強めていきたいと考えています。

メロディーココでの活動
の様子

前理事長　木村満里子氏

3. 一般社団法人全国労働金庫協会

インタビューご協力者：一般社団法人全国労働金庫協会
（https://all.rokin.or.jp/）
経営企画部　次長　兵藤 剛氏
職員　田中晃仁氏

　ろうきんは、労働組合や生活協同組合の働く仲間が、お互いを助け合うために資金を出し合ってつくった、協同組織の福祉金融機関です。働く仲間とその家族の生活が豊かになることを目的につくられた金融機関は、ろうきんだけです。働く人たちの暮らしを支え、快適で過ごしやすい社会づくりをめざしています。ろうきんは、『労働金庫法』という法律に基づいて、非営利を原則

に、会員（労働組合、生活協同組合などの団体）自らが運営主体となり、公平かつ民主的に運営しています。

　ろうきんでは、勤労者のお金に関する悩みを解決するため、「生活応援運動」として「生活設計」・「生活改善」・「生活防衛」を3つの柱として取組みを展開しています。「生活応援運動」は、過去、各ろうきんにおいて独自の取組みを実施していましたが、2005年度に全国のろうきんで「生活応援運動の強化に向けて」として全国のろうきん全体で目的・意義を共有し、以降は「お金の相談は〈ろうきん〉にする、困ったときは〈ろうきん〉に相談する」といったスローガンを掲げて取組みを進めています。

　2012年度からは生活応援運動の3つの柱（「生活設計」「生活改善」「生活防衛」）のうち、勤労者の生涯の生活設計（トータルライフプラン）を意識し、啓発冊子「マネートラブルにかつ！」等を活用して、勤労者の金融知識を高め、金融トラブルの防止（「生活防衛」）に比重を置いた運動を展開しています。

　そうした活動の一環として、前述した「マネートラブルにかつ！」（資料1）等の啓発冊子の作成のほか、会員である労働組合の役員や企業の新人職員の研修にも協力しています。一部金庫のホームページには金庫が独自に作成した動画を掲載しており、一般の方にもご覧いただけます。各店舗でもお取引先に向けた金融教育の運動は個別に行っており、各店舗が行ってきた事例が全国に共有され、更なる取組みにつながることもあります。この他、自治体や教育機関、大学生活協同組合等からも、金融教育のご依頼をいただくことがあります。また、大学と連携し、授業の一環として大学生の視点から金融教育の広報・宣伝物を作成いただき、その内容を一年間のゼミ成果として発表いただくといった取組みを行っている金庫もあります。

　『労働者協同組合法』の施行に関しては、これまでろうきんが

取り組んできた金融教育や資産形成支援を通じて、労働者協同組合で活動をしている方々へ貢献ができるのではないかと考えます。今までろうきんの会員だった方のなかにも、定年退職後に地域活動に参加されている人がいますので、そのような方々が、労働者協同組合で働くというケースは出てくると考えます。ろうきんの店舗は、職域での利用に利便性が高いエリアにあることが多く、これまでは、定年退職を機に、ろうきんとの取引がなくなってしまうことは少なくありませんでした。一方で、『労働者協同組合法』の施行後は、定年退職したろうきんの会員の方が、労働者協同組合の組合員としてご活躍をされることも想定されます。そうした方々との取引を通じて労働者協同組合と労働金庫との関係を構築し、ご支援できる機会も増えるのではないかと期待しております。

資料1　マネートラブルにかつ！

出所：
https://all.rokin.or.jp/about/support.html

4. 小括

　本章では、実際に現場で「協同労働」の働き方を実践している団体のインタビュー及び活動事例を紹介しました。これらの団体の多くは、地域課題を新たに仕事として起こし、その解消に貢献していま

す。また、子育てや介護等の事情があったり、障がいを持っている人が活躍できるように、多様な人材を積極的に雇用したり、働く時間や仕事の役割など、働き方そのものを皆で相談をしたりしています。地域に役立つ仕事を自分たちで考えながら起こすことができ、働き方も皆で相談しながら決めていけることは、活動をしている人たちの仕事のやりがいやモチベーションにつながっていることがわかります。

　労働者協同組合法施行以降、新たに労働者協同組合を立ち上げ、「協同労働」を実践する団体が増えることが想定されますが、そのような団体にとっても、これまで「協同労働」を実践してきた団体の取組みから学べることは多いと考えます。

5. 今後の課題

　労働者協同組合が設立され、「協同労働」の働き方が広まってくことで、地域課題が解消され、働き方の選択肢が増えることが期待される一方、労働者協同組合には、以下の3つの課題があると考えます。

　1つ目は、財政面でのハードルです。本章で紹介した以外にも、「協同労働」の理念を持ち、地域課題の解決に取り組む組織・団体は、多数存在しています。しかし、その活動をボランティア活動が支えている組織・団体も少なくありません。労働者協同組合法上の労働者協同組合となった場合、組合員との間で労働契約を締結しなければなりませんが、この場合、労働関係法規が基本的に適用されることになります。そうすると、労働者協同組合は、組合員に対して最低賃金以上の賃金を支払う義務を負います。すなわち、ボランティア活動だけで労働者協同組合を運営していくことはできないのです。その結果、「協同労働」の理念を持って活動しているものの、財政面での理由から労働者協同組合には移行せず、従前の法人格や法人格を持たない状態を継続する組織・団体が出てくることが想定されます。「協同

労働」が行われている業種のなかには、事業性が低い業種も存在します。労働者協同組合が広く設立されるためには、こういった業種に関わる組織・団体を支援する制度や、継続的に事業収益を上げられる仕組みを作り出していく必要があると考えます。

2つ目は、組合の事業にいかに組合員の意見を反映していくのかという点です。労働者協同組合は、組合員それぞれの意見を反映して事業を行うことを基本原理としており、組合員が、各1個の議決権と役員の選挙権を持ちます。しかし、組合の規模が大きくなり、組合員の数が増えると、一人ひとりの意見が反映されづらくなることが予想されます。特に、組合員数が200人を超え、総代会を設けている組合においては、各組合員の意見が間接的な形でしか反映されないことになります。労働者協同組合の定款には、組合員の意見を反映させる方策に関する規定を記載しなければならないとされていますが、規模が大きい組合ほど、この方策の定め方が重要になってくると考えます。

3つ目は、労働者協同組合に関心を持つ層をいかに増やすかという点です。「協同労働」の理念を持って活動している組織・団体の多くが人手不足の問題を抱えています。すでに、ワーカーズコープ連合会やワーカーズ・コレクティブネットワークジャパン、自治体等が中心となって、労働者協同組合に関する説明会が実施されており、情報提供の機会は増えつつあります。しかし、「協同労働」や労働者協同組合が広く社会に認知されるようになったとまではいえない状況ではないと考えます。これから各地で労働者協同組合が設立されることで、その地域に暮らす人々が、新たに地域活動やこれを行っている労働者協同組合へ関心をもつこと、そして、関心を持った人が労働者協同組合に加入しやすい環境をつくっていくことが必要だと考えます。

上記の課題については、今後、検討や改善が進められることを期待します。

第4章

労働者協同組合に関する提言

1. 副業・兼業の一環として活用すること

　2017年3月に決定された「働き方改革実行計画」には、副業・兼業を希望する人が近年増加している一方で、これを認める企業が少ないことに鑑み、労働者の健康確保に留意しつつ、原則副業・兼業を認める方向で、副業・兼業を普及促進していくことが盛り込まれました。これを受けて、2018年1月、「副業・兼業の促進に関するガイドライン」（以下、「ガイドライン」といいます。）が公表され、副業・兼業の場合における労働時間管理や健康管理、企業と労働者が取るべき対応等が示されました。また、多くの企業が就業規則を作成する際の参考とする「モデル就業規則」も、併せて改訂されました。この改訂で、11条に設けられていた「許可なく他の会社等の業務に従事しないこと」という規定は削除され、68条に「労働者は、勤務時間外において、他の会社等の業務に従事することができる」という規定が新たに追加されました。「モデル就業規則」では、副業・兼業を認める場合は、労務提供上の支障や企業秘密の漏洩がないか、長時間労働を招くものとなっていないかなどを確認するために、労働者からの事前の届出により労働者の副業・兼業を把握することが規定されています。

（副業・兼業）
　第68条　労働者は、勤務時間外において、他の会社等の業務に従事することができる。
　2　会社は、労働者からの前項の業務に従事する旨の届出に基づき、当該労働者が当該 業務に従事することにより次の各号のいずれかに該当する場合には、これを禁止又は 制限することができる。

| https://www.mhlw.go.jp/stf/seisakunitsuite/bunya/0000192188.html

①労務提供上の支障がある場合

②企業秘密が漏洩する場合

③会社の名誉や信用を損なう行為や、信頼関係を破壊する行為がある場合

④競業により、企業の利益を害する場合

厚生労働省労働基準局監督課「モデル就業規則」（令和3年4月版）

　株式会社リクルートキャリアが「兼業・副業の人事制度がある」と回答した人事担当者に対して行った調査[2]によれば、副業・兼業を認める人事制度の目的としては、「従業員のモチベーションや定着率の向上」（52.5％）が最も高く、「従業員の定着率の向上、継続雇用につながるため」（46.7％）、「従業員の収入増につながるため」（44.9％）と続きます。実際、「従業員のモチベーションが向上した」（47.5％）、「従業員の収入増につながった」（44.4％）、「従業員の定着率の向上、継続雇用につながった」（35.9％）といった形で、想定していた効果も得られています。

　また、同調査では、従業員の側にも調査を行っており、副業・兼業の効果の実感として、「本業からの収入に追加して副収入が得られた」（43.0％）が最も多く、つづいて「時間を意識し、より効率よく仕事を進められるようになった」（30.4％）、「新しい視点、柔軟な発想ができるようになった」（26.8％）、「新しい知識やスキルを獲得できた」（25.4％）が挙げられています。収入面でのメリットを感じている人が多いものの、新たな経験によって、新たな視点、スキルや知識の獲得にもつながっている人が一定割合存在していることが分かります。加えて、都市圏で働く人が地方企業の副業を実施する「ふるさと副業」について、「兼業・副業実施中＋実施意向あり」の人たちの76.6％も

2　株式会社リクルートキャリア「兼業・副業に関する動向調査（2020）」
https://www.recruit.co.jp/newsroom/recruitcareer/news/pressrelease/
2021/210225-02/

の人が異なる地域での副業・兼業に興味を持っていることが明らかになっています。以前は、副業・兼業というと、短い時間に体を使って働くイメージが強かったと想像します。最近では、隙間時間に自分のスキルや経験を活かすという働き方へと変化しつつあります。リモートワークでの副業・兼業というスタイルもでてきたことにより、地方企業での副業・兼業へのハードルも下がっているといえます。

労働者協同組合は、地域課題の解決を主たる目的とする組織であるため、従業員が、副業・兼業の一環として、勤務地とは異なる地域において、労働者協同組合を設立し、またはこれに加入して地域活動に従事することで、新たなスキルや経験を獲得することが期待できます。そのため、副業・兼業の一環として労働者協同組合で働くという選択肢を提供していくべきと考えます。

2015年9月の国連サミットで採択されたSDGs（Sustainable Development Goals）では、2030年までに達成すべき世界共通の17の目標が定められ、企業においても、本業や社会貢献活動において、SDGsに寄与する行動が求められています。従業員が労働者協同組合で活動することを副業・兼業の一環として認めていくことは、企業にとってSDGsに直接又は間接的に寄与することにもつながるのではないでしょうか。

2. キャリアコンサルタントを通じた 情報提供やマッチング支援をすること

2016年に改正された職業能力開発促進法では、キャリア開発をする責任は（事業主ではなく）労働者自身であることが明確にされる一方、事業主には、労働者個人のキャリア開発の支援が要請されています。一人ひとりが、組織に頼らずに主体的にキャリアを切り拓いていく姿勢を持つことはもちろんのこと、事業主が労働者のエンプロイアビリティを高めるための支援を行うことも、労働人口が減少する日本

社会にとって重要なことだといえます。

　企業側が副業・兼業を解禁しても、そのような社外の活動に参加する上で、自分がどのような形で役に立てるのかわからない人も少なくありません。社外に目を向ける前に、自分のキャリアの棚卸しや見直しを行う機会の提供が必要です。キャリアコンサルティングでは、キャリアコンサルタントの力を借りながら、自分の強みや経験等の棚卸し、個人として私生活含め、自分のキャリアを総合的に見直す機会を得ることができます。希望すれば、適性試験等を活用して、自分の新たな適性を知ることも可能です。その上で、社外への活動機会に関心を持った従業員に対しては、キャリアコンサルティングのなかで、労働者協同組合を設立し又はこれに加入することで、地域活動への参画ができるよう情報提供することが期待されます。企業には、キャリアコンサルティングを受けた従業員が、自分にあった労働者協同組合の活動に気軽に参加できるような仕組みを設けることが期待されます。加えて、従業員が労働者協同組合の活動を通じて地域活動に参加するには、キャリアコンサルタントによる伴走型支援の存在も重要になってきます。特に中高年は、新しい人間関係を築くことを躊躇する人が多いと聞きます。なかには、参加した地域活動での人間関係が上手くいかず、また活動自体との相性が合わないことで、地域活動そのものが嫌になり、そのまま参加することをやめてしまう人もいます。このような場合でも他の地域活動に引き続きチャレンジできるよう、伴走型支援が存在することは、従業員が地域活動にスムーズに参画していけることにも繋がります。

　労働者協同組合を通じて地域活動に参画する人を増やすためには、労働者協同組合の存在やその活動内容について情報提供しながら、一人ひとりにあった活動にマッチングする機能が必要です。企業の従業員のみならず、ハローワーク等公的な団体等を利用する人たちに対しても、キャリアコンサルタントを通じた情報提供やマッチング支援が広がっていけば、労働者協同組合を知り、そこで活躍できる人は増え

るのではないでしょうか。

3. 中高年男性の活躍の場にすること

　2013年に改正された高年齢者雇用安定法では、継続雇用制度の対象
となる高齢者を限定できる仕組みの廃止等がなされ、定年年齢を65歳
未満に定めている事業主は、①65歳までの定年引き上げ、②定年制廃
止、③65歳までの継続雇用制度の導入のいずれかの措置を講ずること
が義務付けられました。2021年4月には、同法が改正され、70歳まで
の就業確保措置が努力義務となりました。具体的には、①70歳までの
定年引き上げ、②定年制廃止、③70歳までの継続雇用制度の導入、④
高年齢者が希望するときは、70歳まで継続的に業務委託契約を締結す
る制度の導入、⑤高年齢者が希望するときは、70歳まで継続的に、事
業主自ら実施する社会貢献事業や、事業主が委託、出資（資金提供）
などをする団体が行う社会貢献事業に従事できる制度の導入が求めら
れています。

　独立行政法人労働政策研究・研修機構[3]によれば、定年後に継続雇用
された235万2000人のうち、「仕事内容が変化していない」と回答した
人は50.7％でしたが、「賃金が低下した」と回答した人は80.3％に上り
ました。多くのシニア社員は、定年前と仕事内容が変化していないに
も関わらず、賃金は低下しています。「仕事内容が変化していない」
のに「賃金が低下した」と回答した人の中には、「仕事内容が変わっ
ていないのに賃金が下がるのはおかしい」と回答した人が約3割存在
しており、賃金低下を理由に、モチベーションが低下している人が少
なくないといえます。一方、企業側もそのような状態に課題を抱えて
います。日本経済団体連合会[4]によれば、多くの企業が、シニア社員の

　3　労働政策研究・研修機構（2015）「60代の雇用・生活調査」

モチベーション低下や組織の新陳代謝等を今後の課題として挙げています。特に、定年まで勤め続ける社員、または、役職を経験している社員の多くが男性であることから、中高年男性の今後の働き方に課題を抱える企業は少なくありません。そのような中では、副業・兼業を解禁して社外での活躍を促すなど、いかに早いうちから社外での活躍の場を創出するかが重要となってきます。

　日本総合研究所[5]によれば、副業・兼業に賛成している中高年男性は、約8割（「非常に賛成している」（23.9％）、「やや賛成している」（53.5％））に上ることが明らかになっています。副業に賛成する理由としては、「収入確保の手段の多様化につながる」（48.1％）、「今まで培ってきた専門性を活かせる」（46.2％）という回答が多く、新たな収入確保や専門性の活用等を理由に、副業・兼業にチャレンジをしたい中高年男性が多いことがわかります。更に、実際に副業・兼業をやってみたいと希望する中高年男性は、約7割に上ることが明らかになっています。実際に副業・兼業を希望する日数・時間（給与が削減されるという前提）としては、「関心があり、週1日程度は副業・兼業を行いたい」（24.7％）が最も多く、「関心があり、週2日程度は副業・兼業を行いたい」（19.7％）、「関心があり、週3日程度は副業・兼業を行いたい」（6.0％）をあわせると、全体の約半数の中高年男性が、業務時間及び給与を削減してでも副業・兼業を行いたいという希望を持っていることがわかります。給与減額の許容割合としては、最も多いのが「0％～10％未満」（38.8％）で、「10％～20％未満」（25.1％）、「20％～30％未満」（18.6％）と続いており、減額割合が多くなるにしたがって、許容できる人の割合は少なくなっています。副業・兼業によって、現在の生活水準を維持できるほどの収入を得ることは容易で

4　日本経済団体連合会（2016）「ホワイトカラー高齢社員の活躍をめぐる現状・課題と取組み」

5　株式会社日本総合研究所（2019）「東京圏で働く高学歴中高年男性の意識と生活実態に関するアンケート調査結果（報告）」

はありませんが、多少の減額は許容してでも、将来に向けて、副業・兼業にチャレンジしたいという中高年男性がいることがわかります。このことから、副業・兼業が解禁されれば、社外でも活躍したいという意欲をもった中高年男性が多く存在することが指摘できます。更に、中高年男性の約半数が定年後も（定年制度がない場合はできるだけ長く）就業したいと考え、その多くが中小企業への就職を希望していますので、規模が小さい組織で働くことへの抵抗感は問題とはなっていません。

　このような中高年男性の意識を前提とすれば、労働者協同組合は、副業・兼業を行う先の新たな選択肢になると共に、中高年男性の社外での活躍の場になると考えます。労働者協同組合では、地域課題の解決を目的として、自分たちで仕事を起こしていくことになるため、働きがいを感じながら、主体的に仕事に関わることができます。また、労働者派遣事業を除く幅広い分野での活動が認められていることから、中高年男性の知識や経験を活かす場にもなり得ます。

　労働者協同組合への加入する方法としては、中高年男性が、自ら労働者協同組合を設立する、又は自ら受入先を探すということも考えられますが、企業がその活動内容に賛同する労働者協同組合と連携し、当該労働者協同組合を副業・兼業の受入先とすることも考えられます。このような形をとれば、企業は労働者協同組合の活動を通じて間接的に地域社会に貢献することにもなります。

　このように、今後、労働者協同組合は、中高年男性が活躍できる場となっていくことが期待されます。

4. 自治体と地元企業の連携を強化すること

広島市では、「協同労働」プラットフォーム事業を導入し、「協同労働」を行いたい団体の立ち上げ費用や運営の支援を行っています。今

後、他の自治体においても、労働者協同組合の活動を支援する施策として、同様の事業を導入することが期待されます。具体的には、以下のような形の事業が導入されれば、自治体、地元企業、そして労働者協同組合が共に発展していくことに繋がるのではないかと考えます。

　まず、自治体は、一定の要件を満たした人に補助金を交付して労働者協同組合の設立を支援し、その労働者協同組合をプラットフォームに登録し、設立後の運営の支援をします。このような自治体の支援があれば、労働者協同組合を設立することのハードルが下がり、その持続可能な活動に繋がることが期待されます。労働者協同組合が増えれば、地域課題の解決につながり、地域の活性化や行政が担う役割の負担の軽減にも繋がる可能性があります。そして、自治体が継続的に支援を行っていく上では、自治体の支援を受けて設立し、プラットフォームに登録された労働者協同組合の活動が、地域課題の解消や、行政の財政的負担の軽減に繋がっているかという視点で、事業のインパクトを評価することが必要だと考えます。労働者協同組合による地域活動によって軽減した自治体の財政的負担を見える化することによって、その削減分を登録団体の活動支援という形で還元していくことができれば、良い活動をさらに支援していくことにも繋がると考えます。

　次に、労働者協同組合の人材面の支援として、プラットフォームを通じて、地元企業との連携を図ることが重要だと考えます。「協同労働」を行う組織・団体のなかには、人手不足や、経営の知識や経験が豊富な人材がいないことなどを課題に抱えているところがあります。そのため、労働者協同組合としても、地元企業から人材を獲得できれば、人手不足の解消や、地元企業の従業員が持つ経験・知識を活用することができます。顔の見える地元企業の従業員であれば、安心して受け入れることができますし、副業・兼業の一環として受け入れるのであれば、仕事量や閑散期・繁忙期に応じて、稼働調整の相談もしやすいと考えます。

労働者協同組合に人材を送る地元企業としては、副業・兼業の受入先の確保に繋がり、従業員が新たなスキルや経験を獲得する機会として活用できます。労働者協同組合における副業・兼業が、従業員の教育の一環となり、更には、地域貢献にも繋がります。労働者協同組合への加入の例ではありませんが、自治体との連携を通じて、従業員の教育の一環として、農村体験を行う企業があります。この企業では、従業員が農作業等実際の作業に携わることで、地域の課題を知り、その課題を解決する方法を考える機会にする、または、農村体験そのものを、コミュニケーションなどを学ぶ機会とするという方法を取っています。企業が自治体を通じて労働者協同組合に人材を送る際の一つの形として参考になるといえます。

　以上のように、自治体がプラットフォームを作り、これを通じて、自治体、地元企業、労働者協同組合が連携することができれば、労働者協同組合で活躍する人材が増え、様々な地域課題が解決されるとともに、地域の活性化に繋がっていくのではないかと考えます。

5. 地域金融機関による新たな支援を 検討すること

　金融庁では、地域金融機関に対して、持続可能なビジネスモデルの構築や、地域の事業者への支援等を促す観点から、政府事業も活用した人材マッチングを推進しています。また、地域への経営人材の円滑な移動や副業・兼業を実現する観点から、大手銀行等の専門経験を有

6　金融庁　令和2事務年度 金融行政方針「コロナと戦い、コロナ後の新しい社会を築く」
　　2021事務年度金融行政方針「コロナを乗り越え、活力ある経済社会を実現する金融システムの構築へ」
　　https://www.fsa.go.jp/news/r 2 /200831.pdf
　　https://www.fsa.go.jp/news/r 3 /20210831/20210831_allpages.pdf

する人材をリストアップして REVIC（地域経済活性化支援機構）でリストを管理し、地方の中小企業とのマッチングを推進しています。このマッチングが円滑に推進されれば、大企業と中小企業間の雇用の流動化を促進させ、地方の中小企業や、地域経済の活性化に繋げていくことができます。

　今後、労働者協同組合は、金融機関との取引が生じる可能性があります。その際には、金融機関が行っている大企業のミドル・シニア人材のマッチング支援を中小企業だけではなく、労働者協同組合へと広げていくことが期待されます。労働者協同組合には、志が高い人は多くても、経営に関する知識を学んだ人が少ないところもあります。実務経験のある大企業出身のミドル・シニア人材による経営のアドバイスは、事業を行う上で役立つと考えます。地域金融機関が、労働者協同組合が抱える経営課題やその課題解消に役立つ人材要件を正確にヒアリングし、人材面でのマッチング支援を行うことができれば、地域金融機関としての ESG や SDGs 支援に繋がります。また、その支援を通じて、労働者協同組合の事業性が高まれば、地域金融機関にとっても、優良な取引先になるのではないでしょうか。

　また、活動している労働者協同組合の支援に留まらず、中小企業等の経営権を労働者が買い取り、労働者協同組合を設立する形での事業承継を支援することも期待されます。海外では、労働者が、勤めていた企業の経営権を買い取って労働者協同組合を設立するワーカーズ・バイアウトに関する法律が制定されている国があります。例えば、イタリアではマルコーラ法が制定されており、ワーカーズ・バイアウトを行うことで、雇用を維持し、失業者を減らす取組みにつなげています[7]。現在、後継者不在等で廃業を検討する中小企業は M&A によって廃業を回避するケースもありますが、買手企業が見つからない場合は、廃業し、経験やノウハウを持った従業員も失業することとなりま

7　https://www.ica.coop/en/media/news/marcora-law-supporting-worker-buyouts-thirty-years

す。国内においても、労働者協同組合を利用した事業承継について、金融機関による新たな支援の余地があるのではないでしょうか。

6. 自治体が取組む孤独・孤立対策との連携を行うこと

　OECD[8]によれば、家族以外の友人、同僚、その他の人々と交流をしていない人の割合は、日本が最も高くなっています。男女を問わず、地域社会などで多様な人々と交流する時間を過ごしている人が諸外国に比べて明らかに少ないのです。内閣府が実施した調査によれば、孤独感が「しばしばある・常にある」という回答が最も多いのが30歳代の7.9％で、続いて20歳代の7.7％です。「時々ある」までを加えると、20～29歳から50～59歳までの間で、年齢ごとに孤独感を感じる人は少なくなっていくものの、約2割程度はそのような孤独感を感じている人がいます。今後、生活環境の悪化が生じれば、「時々ある」といって回答していた方も「しばしばある・常にある」に変化する可能性もあります。この調査からは、孤独を感じている人が20歳から59歳の間で一定割合存在していることと、若い人でも孤独を抱えるリスクはあるということが分かります。

　イギリスでは、孤独を重大な問題としていち早く認識し、孤独に困っている人のための政策を行うために、テリーザ・メイ元首相が2018年1月に、「孤独担当大臣」のポストを新設しました。ジョー・コックス委員会が、赤十字社などの福祉団体と連携し、2017年に約1年間かけて行った孤独に関する調査[10]によれば、イギリスでは、900万人以上の人々が常に、もしくはしばしば「孤独」を感じており、その

8　OECD "Society at a Glance 2005"

9　内閣府「人々のつながりに関する基礎調査（令和3年）調査結果の概要」

10　"Combatting loneliness one conversation at a time" Jo Cox Commission on Loneliness

３分の２が「生きづらさ」を訴えていました。委員会は、孤独がイギリスの国家経済に与える悪影響は、年間320億ポンドに上るとしています。

　日本においても、政府は2021年２月に、新型コロナウイルスの発生で深刻さを増す孤独・孤立問題の対策室を内閣官房に設けました。「孤独・孤立対策の重点計画」のなかでは、すべての都道府県及び市区町村に設置されている社会福祉協議会や、地域運営組織等の住民組織とも協力しつつ、NPO等の民間法人との間で相互に密接な連携を図ることにより、安定的・継続的に施策を展開することの必要性が明記されています。そのような施策が明記されている背景としては、孤独・孤立している人を外形的に判断することは難しく、早期に発見するということが難しいという問題が挙げられます。実際に、自宅を訪問するといった、パーソナルな部分に立ち入る機会がなければ、実態の把握は難しく、それを自治体単独で行うには限界があるといえます。

　現在、「協同労働」を実践する団体には、生活のなかで困っていることへの支援を仕事（例：電球の交換）にしている団体や、介護、居場所づくりを仕事にしている団体もあります。日頃から地域の住民に密着した仕事を行っている団体であれば、孤独や孤立の状況を早期に発見できる可能性があります。今後は、一人ぐらしの高齢者が益々増えることが想定されており、労働者協同組合においても、高齢者をはじめとし、孤立している住民を早期に発見するという役割も担える可能性があります。そのためには、自治体と労働者協同組合との情報連携を行える環境づくりが必要だと考えます。

11　https://www.cas.go.jp/jp/seisaku/juten_keikaku/jutenkeikaku.html

7. 社会的価値を重視した社会づくりの第一歩に

　政府が掲げた「経済財政運営と改革の基本方針2022」[12]では、多様な働き方の普及を図るため、「地域に貢献しながら多様な就労の機会を創る労働者協同組合についてNPO等からの円滑な移行等を図る」ことが明記されています。雇用されて働いていると、受け身で働くことが当たり前になってしまう人も少なくありません。しかし、労働者協同組合法が施行され、「協同労働」という働き方が広まることで、経済的利益を最優先に追求するのではなく、地域への貢献を主眼とし、自分たちで考えながら、地域から必要とされる仕事を起こし、また働き方そのものを主体的に選択していくという働き方が広がっていくことが期待されます。

　内閣府[13]によれば、働く目的として「お金を得るために働く」（61.1％）と答えた人の割合が最も多く、「社会の一員として、務めを果たすために働く」と答えた人の割合が12.1％、「自分の才能や能力を発揮するために働く」と答えた人の割合が7.2％、「生きがいをみつけるために働く」と答えた人の割合が13.9％となっています。年齢別では、「お金を得るために働く」と答えた者の割合は18〜59歳で、「社会の一員として、務めを果たすために働く」、「生きがいをみつけるために働く」と答えた者の割合は70歳以上で、それぞれ高くなっています。現役世代のうちは、経済的な安定が非常に重要である一方で、歳をとると、生きがいや社会貢献を重視するようになるということが分かります。

12　「経済財政運営と改革の基本方針2022　新しい資本主義へ　〜課題解決を成長のエンジンに変え、持続可能な経済を実現〜」（令和4年6月7日）
　　https://www5.cao.go.jp/keizai-shimon/kaigi/minutes/2022/0607/shiryo_04-1.pdf
13　内閣府「国民生活に関する世論調査」（令和3年9月調査）
　　https://survey.gov-online.go.jp/r03/r03-life/index.html

同調査が尋ねた理想的な仕事については、「収入が安定している仕事」を挙げた人の割合が61.3%と最も高く、「自分にとって楽しい仕事」（52.3%）、「私生活とバランスがとれる仕事」（51.2%）、「自分の専門知識や能力がいかせる仕事」（35.6%）、「健康を損なう心配がない仕事」（33.7%）が続きます。年齢別に見ると、「収入が安定している仕事」を挙げた人の割合は18〜29歳、30歳代で、「自分にとって楽しい仕事」を挙げた者の割合は18〜29歳で、「私生活とバランスがとれる仕事」を挙げた者の割合は18〜49歳で、それぞれ高くなっています。現時点で働いている目的は経済的な理由であっても、理想としては、楽しい仕事ができることや、仕事と生活のバランスが取れることを求めていることが指摘できます。

　では、働く人々の意識は、労働者協同組合における働き方とどのぐらい合うものなのでしょうか。労働者協同組合を対象とした働き方に関する調査はないため、「協同労働」の働き方を行っているワーカーズコープ連合会センター事業団と「くらしのアンケート」評価検討委

図表5-1　年代別で、今の仕事で自分の得意や可能性を発揮できている？

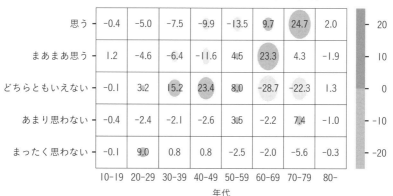

出所：日本労働者協同組合（ワーカーズコープ）連合会センター事業団「くらしのアンケート」評価検討委員会　第6回「組合員の暮らしと仕事に関するアンケート」調査報告

員会が実施した調査をもとに比較を行います。同調査によれば、「今の仕事で自分の得意や可能性を発揮できている」と思う（「思う」、「まあまあ思う」、以下同様）と回答した人は半数程度（54.9%）ですが、「今の仕事を通して自分が成長できている」と思うと回答した人は半数以上（67.5%）、「今の自分の仕事が社会に貢献している」と思うと回答した人は7割以上（71.5%）に上ることが明らかになっています。特に、自分の能力を発揮しているという実感を持っているのは60代以上で多い傾向となっています。地域への貢献につながる仕事を通じて、シニア世代がやりがいを感じていることがわかります。

　一方、収入面については、「ワーカーズコープで働いて得られる年収」は、「100万超〜200万以内」（36.2%）が最も多く、「50万超〜100万以内」（24.4%）と続きます。調査対象が正規雇用労働者に限定されていませんが、年収は決して高くないことが分かります。「世帯収入は現状の家計維持に十分」と回答した人（「十分」、「まあ足りている」と回答した人の合計）は、約3割程度にとどまっており、「将来設計ができるような、ワーカーズコープで働いて得られる収入の今後の見通しがある」と回答した人（「ある」、「まあ大丈夫」と回答した人の合計）は約1割程度にとどまっています。年齢別に見てみると、60歳代以上は十分であるものの、若い世代ほど収入が不足している傾向が見られます。

　これらの調査結果を踏まえると、労働者協同組合における「協同労働」の働き方が広がるかどうかは、企業側において多様な働き方が推進されることが重要だと感じます。シニア世代であれば、経済的な安定は得られなくても、地域に貢献できる仕事が見つかればそのような仕事を選ぶ可能性があると考えられます。そこで、労働者協同組合の活動内容や、その活動が地域貢献に繋がることなどの情報提供をして

14　日本労働者協同組合（ワーカーズコープ）連合会センター事業団「くらしのアンケート」評価検討委員会　第6回「組合員の暮らしと仕事に関するアンケート」調査報告

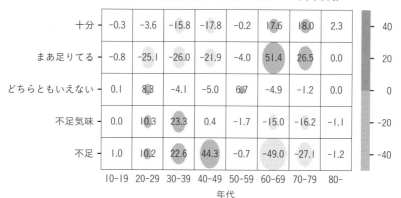

図表5-2　収入が家計維持に十分かどうか（年代別）

	10-19	20-29	30-39	40-49	50-59	60-69	70-79	80-
十分	-0.3	-3.6	-15.8	-17.8	-0.2	17.6	18.0	2.3
まあ足りてる	-0.8	-25.1	-26.0	-21.9	-4.0	51.4	26.5	0.0
どちらともいえない	0.1	8.3	-4.1	-5.0	6.7	-4.9	-1.2	0.0
不足気味	0.0	10.3	23.3	0.4	-1.7	-15.0	-16.2	-1.1
不足	1.0	10.2	22.6	44.3	-0.7	-49.0	-27.1	-1.2

年代

出所：日本労働者協同組合（ワーカーズコープ）連合会センター事業団「くらしのアンケート」評価検討委員会　第6回「組合員の暮らしと仕事に関するアンケート」調査報告

いくことが有効だと考えます。一方、現役世代については、子育ての時期とも重なり、経済的な安定は重要ですので、フルタイムでの参画は容易ではありません。しかし、前述した内閣府の調査において、現役世代でも、仕事に楽しさや私生活とのバランスを求める人が多かったように、経済的価値だけではなく、社会に貢献したい、社会への貢献を通じてやりがいを感じたいといった社会的価値に主眼を置いて働きたいという思いを持つ人たちは少なくないと考えます。まずは、企業において、副業・兼業の解禁、週休3日制度等、多様な働き方を可能とする仕組みが広がっていけば、働く場所や時間を柔軟に調整できることで、現役世代であっても、労働者協同組合で活躍する人は増える可能性があると考えます。

　労働者協同組合を通じて、より多くの人々が地域課題の解消に向けた仕事に携わり、またそのなかで「協同労働」という働き方を行うことは、経済的価値が重視されてきた社会から、社会的価値を重視した社会づくりの第一歩になるのではないでしょうか。

著者プロフィール（五十音順）

小島 明子（こじま　あきこ）

担当章：第1章、3章、4章
株式会社日本総合研究所　創発戦略センター
スペシャリスト

日本女子大学文学部卒、早稲田大学大学院商学
研究科修了（経営管理修士）。金融機関を経て、
株式会社日本総合研究所に入社。経済社会シス
テム総合研究所客員主任研究員。環境・社会・
ガバナンス（ESG）の観点からの企業評価や働
き方に関する調査研究に従事。主な著書に『中
高年男性の働き方の未来』（金融財政事情研究
会）、『女性発の働き方改革で男性も変わる、企
業も変わる』（経営書院）、『「わたし」のための
金融リテラシー』（金融財政事情研究会）共著
等。

福田 隆行（ふくだ　たかゆき）

担当章：第2章
堀法律事務所　弁護士　第二東京弁護士会所属

慶應義塾大学法学部法律学科卒業、慶應義塾大
学大学院法務研究科（法科大学院）修了。
一般企業法務、一般民事事件全般を手掛ける。
主な著書に、「慰謝料請求事件データファイル」
（新日本法規）共著、「増補改訂版　あなたが変
える裁判員制度～市民からみた司法参加の現在
（いま）」（同時代社）共著　等

協同労働入門

2022 年 10 月 26 日　第 1 版第 1 刷発行

著　者　小　島　明　子
　　　　福　田　隆　行
発行者　平　　　盛　之

発行所　㈱産労総合研究所
出版部　経 営 書 院

〒100-0014　東京都千代田区永田町1-11-1　三宅坂ビル
電話　03-5860-9799
https://www.e-sanro.net/

印刷・製本　藤原印刷株式会社
ISBN 978-4-86326-334-5 C2032